別擔心！
最好的還在後頭！

人生吮槌也要勇敢向前！

enjoy life

做自己的快樂美人魚

　　我喜歡看書，也想過寫書，但沒想過在成為作家之前，先受邀為一群優秀的女性作家們寫序。

　　本書的多位作者都是我多年的好朋友，算算認識最久的竟有25年了。這些年看著她們的人生跌宕，因為經歷了很多不同階段的考驗和學習，孕育出不同的樣貌。於是乍聽到她們要一起出書，分享自己一路以來的故事，真的很替她們開心，因為我相信，這些故事背後的能量，絕對可以幫助現在正在面臨考驗的朋友。

　　看完這本書，我也才發現，過去很長一段時間，我其實不如自己以為的了解她們。在那些光鮮亮麗的外表下，原來有很多傷與辛苦。她們總是以樂觀又充滿熱情的神情與我聊著夢想，背後不知是練習了多少次「放下」和「勇敢」才能造就的結果。但如今這些傷疤都隨時間變成了豁達的智慧，她們都走過來了，甚至還因此成為寫書的養分，我想這一定是她們當初始料未及的。

　　這本書也讓我深刻感受到：世事沒有絕對！

　　男性是奇妙的動物，我們常看商業、投資、運動、勵志的書，卻似乎比較少關注到談深層心理面，有轉折情節的故事書。但因為與作者的緣份，我才有機會閱讀了這本原本不會出現在我書櫃的書。而因為閱讀，才了解很多女生外表看似毫不費力，背後定是經過一番努力。又因為這個看見，我也才發現自己原來也像大部分人一樣，不知不覺也給女生貼上標籤，尤其是那些好看得像夢中情人的女生！

　　漂亮的女生，原來也不總是過著我們以為茶來張口、一帆風順的人生。她們也有屬於她們的煩惱、變故、課題要去面對。

我15歲就到南非當小留學生，出社會後幾乎都在外商集團跟來自全球不同國家的人一起工作。在將近20年的時間裡，我受到東西方文化教育的交融薰陶、也對於東西方女性價值的差異化感受很深。在外商集團工作期間，幾乎高達80%的高階主管都是女性，甚至在IBM，10位總經理就有7位是女生。與其說是欣賞女性的柔軟，更貼切的說，是看中女性剛柔並濟的「彈性」。

　　相反的，這樣的數據比較少出現於亞洲國家職場，因為亞洲女性一旦結婚多半是走入家庭。尤其是台灣、日本、韓國、越南，社會風氣期待女生是比較「以大局為重、刻苦耐勞」，所以比較順從、內斂，不若新加坡、香港女性習慣很直率表達自我想法，不論對方與我意見是否相同。

　　如今，聽到我身邊優秀女性要合出一本書，我感覺到她們就是在用一個美妙的方式在向世界傳達她們的價值，與她們如何珍視自己的聲音。即使大家都並非是社會上響叮噹的大人物，但卻可以憑藉著自己的努力，帶給身邊的朋友一些正面的力量。她們比別人更勇敢揭露自己過往的不堪，只是希望讓很多女生知道：不論外界給妳貼上什麼標籤，其實每個人都值得活得漂亮！

　　這本書其實不是要鼓勵女生都應該要勇敢站起來，去職場上衝刺、擔任優秀的高階主管、有一番偉大的志向與作為……。而是希望找回妳的價值、找到妳的平衡，發揮妳的「最愛」與「最好」。如此而已。就像庭榛的故事，她可以永遠做個平凡的上班族，並永遠熱情追求她的興趣，又同時做個不平凡的美人魚服裝設計師。

所有女生都想成為好命女、嫁個好老公，有令人稱羨的美貌和人生，但當童話故事沒能「如期上演」，這些鄰家女生真實而努力的經驗，或許能為正在經歷相同遭遇的妳帶來更多力量。也歡迎把這些故事分享給身邊那個需要的人。

　　祝福大家都成為最獨一無二的快樂美人魚！

ABOUT

陳星光

❋ **現任**

沛星互動股份有限公司（ Appier ）全球業務資深總監，負責大中華與亞太地區及歐美市場的業務拓展經營。

❋ **曾任**

* iStaging 業務總經理
* SAS 賽仕電腦企業資深客戶經理
* IBM 台灣公眾事業部資深客戶經理

擁有 17 年外商軟體資訊解決方案規劃及客戶經營經驗，是 Martech、OMO 跨渠道管理及流量變現專家。

給自己的情書

　　我的母親曾說過，如果可以，她希望自己好不容易經歷各種挑戰的人生故事可以寫成一本書。這個念頭觸動了我有朝一日想要出書的啟發，就像顆種子後來在我心中慢慢萌芽。

　　直到2021年我出版了人生的第一本書《斜槓族的13個原子習慣》，在簽書會後，意外收到一位讀者的訊息，他告訴我，因為看見我的故事度過心裡的難關，我聽了非常感動，第一次真切感受到在這個世界的某個角落，真的有人會因為妳的經歷而受到鼓舞。原來出一本書，真的是可以幫助到他人。

　　自此之後，我決定要讓這顆善的種子持續下去。除了自己的故事，若有機會能讓身邊更多寶貴的故事被分享出來，豈不更有意義？於是我決定扮演一個「平台」，讓大家能夠把這些故事分享出來，那麼一定能鼓勵更多目前身處低潮的人。

　　我自己就是這樣走過來的！

　　閱讀一直是我人生中很重要的一部分，在過去很長的一段低潮歲月中，我是透過閱讀許多不同的人生故事，才有機會用不同於以往的角度思考世界；或是以為自己獨自掉進無法爬出的黑洞，後來才發現妳並不是孤單一人。如此，才逐漸看見曙光。

　　曾經，那些故事拯救了我！我相信這世界的角落，也存在著像我當時一樣的許多人，在逆境的當下，需要依靠這些文字帶自己飛越恐懼。

　　也許就是正在看這行文字的妳！

　　當妳絕望透頂不想再努力了！一個陌生人的輕拍，或無意間看到的一句話，或許都可能帶給妳答案和站起來的力量，哪怕只是「撐一

下」。而這本書，就是希望成為妳迷航時候的溫柔支柱。如果一句話可以幫助一個朋友得到片刻安慰，那我願意把餘生的溫柔都獻給妳們。

　　對我而言，身邊每個朋友也都像一本書，每個人都有屬於自己的人生故事，而我特別喜歡讀「女人」這本書。因為女人有很多豐富的層次，不論韌性與彈性都特別強大。身為女人，可以溫柔依附、也可以振翅高飛，可以同甘共苦陪伴打拼，也可以在任何時候選擇優雅離開。而且每位女人都是獨一無二的。

　　這本書的十位女生作家，來自各行各業，各有不同的經歷與樣貌。她們並不遙遠，她們就是存在於妳我身邊的鄰家女生。

　　她們的成就，不是來自於長得漂亮，更不是透過外表取巧。而是面對逆境不輕易妥協，面對夢想努力達成目標，面對人生也是活得漂亮的正確心態。

　　這一路上，太多人用外在條件給她們貼標籤，甚至抱持著嫉妒的心態，對她們的失敗準備看好戲，卻忽略了她們真正美好和堅強紮實的內在力量，但他們卻用實際行動證明：堅強的心志，不會被打敗！

　　其實我不是出一本書，而是想建立一個圈子，一個能彼此支持、幫助，充滿善念循環的圈子。十段故事只是開始，當妳們看到這些故事，便會知道眼前以為過不去的難關，其實終究可以被突破，那麼心中的黑暗，或許也不會盤踞得那麼牢固了。

　　而且，十段故事也能譜出許多人生會遇到的風景，與妳們撞擊之後，又能交織出新的酸甜滋味，在不同階段與不同時刻品嚐，也都有不同的體會。

　　更重要的是，不論是面對順境或逆境，妳會知道，自己永遠都可以是那個「做選擇的人」。

　　很開心在我出版第一本書時，我結識了同為作者的一位好姊妹—林曉薇，發現我們居然有著同樣「利他」的出版信念，加上我倆互補

的個性與專長，於是決定勇敢挑戰沒有做過的事，一起築夢踏實，落實這樣美好的信念。我知道，我們將會共創一段很有價值的新旅程！

終於，這本書「築夢踏實」的誕生了！

當妳閱讀這本書，就會像擁有十個閨蜜的親密陪伴，妳將不再孤單！

這十段故事，也是我想獻給每位女孩的情書，祝福大家都能在這些奇幻旅程中找到屬於自己的力量、活出自己的精彩，勇敢成為這個世界最獨一無二的存在！

愛妳們！

總召集人

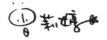

人生就是意外的甜點

經過大半年的努力,這本書終於與大家見面了!籌備的過程雖有不少辛苦,但都比不上當中獲得的「衝擊」與「感動」。

我有幸成為第一位閱讀所有故事的人,在一遍遍翻閱文字的過程中,衝擊的是當我收到這些故事的初稿,不敢相信那些猶如電影情節般的經歷,居然發生在真實世界。

感動的是,這些樂觀可愛的作者們沒有被深淵吞噬,在多少次能夠理所當然放棄的時刻,他們不對命運鬆手、不對社會的眼光妥協。是累積了多少勇敢、要放下多少執念,才能終於走出來,擁有全新的人生,並且能夠把這些事攤在陽光下。

事業泡湯、失婚、負債、被霸凌與背叛,都沒能影響他們要活出理想人生的決定!她們的故事,讓我們知道在妳以為沒有選擇的時候,妳永遠還可以選擇妳自己。

電影《阿甘正傳》裡,阿甘的母親對他說:「人生有如一盒巧克力,妳永遠不知道將嚐到哪種口味。」的確,就像這十段故事,有大起大落的情感糾葛、有看似平凡又不平凡的日常,有處處充滿轉折與驚喜的奇幻人生。以為一帆風順,可能就突然面臨困境;以為身陷囹圄,轉個彎才發現有禮物在等妳。看似不思議,但其實這就是發生在妳我身邊的真實世界。

本書我們特別把每篇故事製作成不同的「甜點」,象徵十位女性不同的特色與價值,也代表十種不同的人生風貌。希望當妳品嚐著她們的故事,也在品味不同的人生。

這不是一本讓妳如何成為成功女性，也不是倡導女生意識抬頭的書，更不意圖「教」妳什麼。只希望它是一本在妳床頭溫暖陪伴的讀物，在妳沮喪的某天睡前翻閱它，明天醒來會獲得一些力量，或是在那些漆黑夜晚，可安慰身邊失戀好姐妹的燈塔。又或許是在旅行途中，想要尋找更多新方向的參考地圖。它就是這樣的存在！

希望嚐完這些各異奇趣的甜點，妳會更懂得完整自己，並擁有人生甘甜新滋味！

總企劃

林曉薇

ABOUT

林曉薇

∰ 現任

中華電信子公司行銷策略管理師、趣你的人生創意教育平台共同創辦人

∰ 曾任

- ◆ 知名整合行銷公司行銷副總
- ◆ Dataa 數據開發公司行銷經理
- ◆ 香港商法蘭克福台灣分公司專案副理＆國際中文版雜誌主編

具備 17 年媒體傳播經驗，專長於品牌行銷、公關活動議題策劃

CONTENTS

01 · 情感篇 · 當公主願意從童話中甦醒，蘋果再也無法讓我中毒！

02 · 健康篇 · 在人生最接近死亡的時刻，你會看見什麼？

03 · 職場篇 · 從無到有，歸零再重來。原來成功，是因為失敗夠多！

04 · 自省篇 · 摘掉面具和枷鎖，真實的自己最強大！

FEMALE POWER

我們都是一群平凡的人，
但可以努力創造不凡的故事！
獻給每一位勇敢做自己的可愛女人！

CHAPTER 001

情感篇

Emotional

當公主願意從童話中甦醒，
蘋果再也無法讓我中毒！

低谷正是攀登高峰的起點

跨國金融證券集團分公司經理
鍾怡倩（Nicole）

曾經被認為的不良少女，因為遇到貴人啟發，在金融圈力爭上游，以達標300%的嚴格自我要求，從本土銀行基層理專，一路升到跨國集團高階主管，還遇到高富帥的白馬王子？

正以為自己是要風得風的天選之人，命運卻跟她開了玩笑！創業失敗、巨額債務、婚姻破碎……一連串考驗等著她，而且獨力撫養孩子，一天餐費只有一百元！看Nicole如何擦乾眼淚、走出低谷、找回自信，並創建自己的事業高峰！

松露巧克力

美好的事物看來不好取得，可能代價也昂貴，但如同巧克力吃起來有點苦，後來味道甜美，其實當妳嘗試，就不會後悔。

RESUME 簡歷

現任 incumbent
❀ 群益金鼎證券分公司經理人

經歷 experience
❀ 永豐金證券理財科主管
❀ 元大銀行理財主管
❀ 泛亞美國保險經紀人駐中國
　通路代表
❀ 宜信財富北京分公司投資顧
　問主管
❀ 台北富邦銀行理財主管
❀ 渣打銀行理財顧問

專長 expertise
❀ 台灣、中國大陸高淨值客戶
　資產管理經驗

如果人生一切平順，其實就少了學習的機會，我覺得若能在年輕時，遇到種種的挫折，反倒是一種運氣，也往往在這樣的時刻，一個人才能真正審視：「什麼是真正的自己。」

　　回首十年來的歷程，我從一個單身金融白領主管，後來變成海外創業貴婦，歷經滄桑，最後繞一圈回來，又在台灣的金融體系重新站起。

　　我還是我，但已經歷過「見山是山，見山不是山，見山又是山」的一輪心境。

 ## 被貼著負面標籤長大

　　如今認識我的朋友很難想像，在我的成長歲月中，有很長一段時間，我被貼上雙重標籤：「一個是笨女孩，一個是壞女孩」。總之，跟我後來擔任金融高階主管的形象，完全無法連結在一起。小時候的我，就是被外界認為像「不良少女」的女孩，其實我本性不壞，既沒有走上歧路，也沒有做出違法行徑，不過就是愛玩而已。

　　年輕人都愛玩，重點是背後有沒有一個約束力？也就是家教及師長的關注，而在我學生時代就是不受管教的孩子，典型的隔代教養。我是奶奶帶大的，老人家並不會干涉我的學校成績，我也習以為常地享受當學生的自由，直到有一天，我發現自己竟然被街坊鄰居笑說，是個功課最差的笨小孩。當我想要回頭時，已經來不及，我的成績已經落後太多。

　　如果家人懂得適時拉我一把，給我激勵、陪我學習，我當

《讀者限定》

憑券享有 全台唯一的「3D肌膚檢測」！

和「全臉產品體驗」乙次 (原價1200元)

優惠價 $590

歡迎加入官方line預約

※ 可抵消費，效期至 2023/12/31 止

您想知道肌膚真正的年齡嗎？肉眼看到的不一定是真相…
全台唯一、韓國進口最新科技「3D 肌膚檢測儀」，
內含最新亞洲大數據，層層剖析肌膚最深層的問題，
可精準分析過去、現在、未來的膚況，給予最正確的保養建議！

時還是有可能走回正軌，因為後來出社會，我在金融業中還算表現不差，所以可見我有相當資質，只是學生時代沒人願意用心教育我，包括自己的家人當時也經常罵我是笨女孩。

因為我有如此的成長經歷，所以當我有了自己的孩子後，我特別重視教育，尤其在孩子身心靈成長最重要的關鍵時刻，家人一定要陪伴，並用「愛」讓孩子知道，母親愛她、支持她。

不論如何，我從國小到國中都不愛念書，也討厭補習，只要碰上升學，我都選擇最輕鬆的路徑，並認為有學校念就好。然而我雖然討厭補習，後來補習班卻影響了我，不是在課業上的影響，而是在自我認知上的影響。

我初次認知到我不是個笨女孩，就是發生在補習班，再加上之後我又遇到一個願意看出我潛質的貴人，也讓我後來突然頓悟，人生不能每天只想玩，必須花時間認真學習。

 ## 從內心找到自己的價值

我在念五專時，為了有錢能玩樂，因此去補習班打工，並在那時初次接觸業務工作。

我後來才知道，大部分年輕人都對業務工作避之唯恐不及，原因是大家都害怕陌生開發，覺得那種工作的錢不好賺。但我卻覺得業務工作很好玩，當時我在補習班擔任電話客服，必須照著通訊錄名單一個個打電話，遊說家長要不要讓孩子來補習。我覺得比起大熱天在加油站待得汗流浹背，或去餐廳端油膩膩的盤子，在補習班工作好多了，能邊吹冷氣邊跟不同的人講話，並且靠講電話就能賺錢，這點我很喜歡。

做業務工作有個好處，就是當妳在說服別人時，也等於在說服自己。畢竟自己若不喜歡一件事，怎麼有足夠的熱情和動力推薦給別人呢？

我就是一邊跟家長訴說補習的好處，一邊也對自己說：「小倩，妳在幹嘛？每位家長都拚命要孩子念書，將來才有好前途，妳是不是不要再那麼混了？」

所以那回打工對我帶來兩大影響：「第一，我知道我不是笨女孩，且其實我很善於跟人講話；第二，我從一個成天想玩的瘋女孩，變成真正願意拿起書本的女孩，甚至有時候念書還念到半夜。」

在此我要提到影響我人生很深遠的一個貴人——Alex。他是在我打工階段認識的「大哥哥」，當年我18歲，Alex則已經是30幾歲的成年人，重點是他事業有成，以他當時的年紀就已經擁有相當財富，往來也都是商場名流。

Alex帶給我最大的影響，是當其他同齡的朋友，甚至自己家人，都認為我成天愛玩、沒有前途時，只有Alex看出我其實有相當的資質，只要肯用點心，不論做哪一行，都可以做出一番成績。

Alex對我的看法讓我有點驚訝，彷彿我過往從來都不認識自己，而他身為一個有相當社經地位的人，好幾次不吝帶我出席一些VIP場合，讓我見識到很多頂尖的人士，大部分都是金融圈相關領域的實業家，我因此眼界大開，並開啟了我日後想要從事金融行業的企圖心。

從此我拋開玩樂之心，以Alex為我的人生典範，我企盼長大後，自己也可以過像他一樣富裕自由的生活。

不當庸才，要當專才

當一個人發自內心想要改變，就會形成一股很強大的力量，且遠勝過任何來自師長或外界的督促、責罵。

19歲以前的我，因為長期被看輕，所以接近自暴自棄的生活著，然而一旦醒悟，我就變得非常用功打拚。那時我發憤念書，每天都念到凌晨，甚至直接關掉手機，斷絕與姊妹淘的聯繫，日常生活除了吃飯、睡覺、補習，其他的時間都用來念書。

我突然完全變了個人，當時還讓家人感到很擔心，反過來建議我不要拚成這樣，若考不好也不要想不開，原因是家族裡曾經有人因為念書太過執著，後來精神耗弱，長期住院，所以家人也擔心我會走向相同的路。

他們不知道我當時一心只想考上大學，這樣將來才可以跟Alex一樣進入金融圈，在我心裡已經有明確的藍圖，我已設想出我未來想過的生活。

以結果來看，我並沒有考上理想大學，畢竟我太晚覺悟，考前一年臨時抱佛腳，依然難以追上一般人三年學習的進度，但也考上了不錯的二技，建立了基本的商學基礎。

更重要的是，我的心念已經跟青少女時代截然不同，以前的我表面傲慢，甚至愛和別人嗆聲，但我知道那都是出於自己內心極度自卑，因為我長年被貼上笨女孩、壞女孩的標籤，並且很長一陣段時間被霸凌、排擠。

但我永遠記得Alex所鼓舞我的一句話，他說：「人不招忌是庸才」。

因為長相出色，從學生時代就常有愛慕我的人想追求我，這讓我在女性族群中不受歡迎，加上我不擅交際，當別人對我不友善，我也沒在客氣，因此總是在各種團體活動中被女性同學排擠。過往我總是為此感到不快樂，但Alex讓我知曉，不需要在乎別人，因為我就是很有優勢，才會受到忌妒。

有了這樣的認知後，我更加堅定自己不要受他人影響，包括日後我進入職場，也比較能夠應對種種的職場糾紛，我要讓自己專業能力更強，不再害怕突破自己，我是專才，不是庸才。

在金融業力爭上游

人生給我的學習之一，就是「能力很重要，時機也很重要」，兩者缺一不可，我的人生就是個證明，唯有當能力跟時機兼備，才能大展鴻圖。有時機、沒能力（就像我從前不愛念書），怎樣都沒出息；有能力、沒時機，則端賴等待，重點是一個人可不可以撐到時機到來時。

那年我身為一個二技畢業生，相較來說，要進入金融圈比較困難。但很慶幸在畢業那年，適逢某個金控集團正在大舉徵才，提出一個理專培訓計畫，主力招募族群是大專應屆畢業生，而我當時正好符合資格，也幸運地被錄取進入夢寐以求的金融圈工作。這開啟了我20歲到30歲間的打拚歲月。這段職場經歷讓我成長很多，從初出茅廬的社會新鮮人，到後來真正成為金融領域的專業人士，也大幅拓展視野。

在金融業服務多年，我非常清楚知道一件事，當一個人看似成就輝煌，業績長紅，不一定代表他就是個銷售高手，有可能整個經濟環境都處在爆發榮景中，誰來賣？賣什麼？怎麼賣？

都能做出成績，若一個人因此得意忘形，等景氣衰退，真正必須嶄露自己實力時，就會在殘酷市場的考驗下，難以適應。

我在金融產業看過太多高高爬起、重重落下的悲劇。

我是在 2006 年踏入金融業，當時台灣正處在一個非常欣欣向榮的局面，幾乎人人手上都有些閒錢，身為理專，當我跟客戶推薦各類理財商品時，也幾乎不費什麼力。

那時在銀行上班，就是典型的捧著金飯碗，男的西裝筆挺，女的光采動人，是個形象佳、收入高的行業。誰也不知道兩年後，2008 年會有金融海嘯，讓很多人措手不及、變得狼狽。

我後來能夠經過考驗，不但沒有在金融產業陣亡，還更上一層樓，由本土銀行轉戰跨國銀行，關鍵就在於我給自己設定很高的目標。

在銀行服務時，上級肯定會給予一定的業績額度，假設低標是 100% 達到規定的數字，那我對自我的要求就是 300%。雖然景氣好、商品好賣，但要達到相當的業績，也非常不容易，畢竟我所銷售的理財商品，別的銀行、別的業務人員也可以賣，為何客戶要來找我買？這就有賴於我是不是真的夠專業？以及我是否能跟客戶建立穩固信任的關係？

為此我積極參與各種財商訓練，以實力讓客戶真正對我信任，願意把重要資產委由我管理，後來我在短時間內就升任貴賓理專，也就是專門服務 VIP 等級客戶。

對我來說這並不容易，因為從小我就是個不愛念書的孩子，在金融圈個個高學歷出身的環境，像我這樣只有技職學校畢業的人算是異類。正因為如此，我必須比別人更加努力付出，才不會被貼標籤認定我就是低學歷、就是能力差。

當我後來升任貴賓理專，再之後也升到理財部門主管，有機會跟很熟的客戶聊天，當貴婦們聊到自己孩子都不會念書，她們很擔心，我就會「偷偷透露」其實我並非國立大學畢業，學校成績不一定決定未來成就好壞，最重要的還是一個人是否願意力爭上游，讓自己成為一個行業的佼佼者。

我是天選之人！

這世界上雖然有許多人愛做表面工作，但當一個人有心想完成一件事，還是可以被看出來，因為會有種從內心散發出來的強烈光彩。

例如，當初我能脫穎而出加入金控集團，是因為那天面試主管問我為何想應徵這個工作？我不是回答一些冠冕堂皇或什麼四平八穩的話，我是用堅定的語氣喊出：「我想要年薪百萬，我就是想賺錢。」我會講得這麼有自信，是因為我「真的」這樣想，在我腦海裡出現的畫面，就是當我跟 Alex 去參加 VIP 聚會，那時看到的尊榮生活場景。

沒想到主管沒有覺得這女孩怎麼那麼天真？反倒覺得我正是他們要的人選，因為那年代各大金融機構競爭激烈，他們就是要找有強烈企圖心、想賺錢的人。

於是我才能如願以償進入金融圈，之後也不負眾望地，發揮企圖心及業務力，短短時間內就讓自己升上主管。後來我的實力還讓我夠格被挖角到其他金融機構，我步步高升，成就了我小時候做夢也想像不到的境界。

這十年金融歷程間，我碰到好幾次「心想事成」，次數如此頻繁，乃至於後來我迷失自己，誤以為自己真的是「天選之人」。

這些經歷，包含當我還在金控集團培訓階段，每次要去上班前，搭公車會經過一間外商銀行，當時位在敦化北路的那間分行，位置佳、設計氣派，我內心常想，如果可以在那樣的辦公室工作該有多好？要什麼樣的條件才能進入外商公司工作？我也好想成為外商銀行的員工。

沒想到，一年後我在原金控集團已經升到白金理專，有一天我接到電話，是一個我不認識的銀行主管打來，正是那家外商銀行想要挖角我，並且很巧地，我後來上班的地方，正是我夢想要去的辦公室。

再有一次，彼時我已經在那間外商銀行上班，記得休假時跟朋友去台北信義區逛街，看到華納威秀附近有個看來很高級的金融中心，我當時也曾跟朋友說，如果能有機會來這裡上班應該很不錯。結果這件事真的發生了，我所屬的外商銀行當年剛併購一間本土銀行，想要展現拓展台灣市場的企圖心，廣開新的分部，而我被調派去的新辦公室，正是我當時說想去的金融中心。

就是類似這樣的「好運連連」，讓我覺得我可以做什麼都「順風順水」，對於未來，我總抱持著太過樂觀的看法，反正「老天都會站在我這邊」，也因為這樣的心態，讓我之後跌入這一生最深的低谷。

 ## 從雲端跌到低谷

那年我即將滿30歲，身為女生，人生除了工作，也希望找到可以仰仗終身的好伴侶。而這個願望也再次「心想事成」，我認識了一個不論外在或背景都是萬中選一的極佳對象，真正符

合女性理想中「高富帥」典型的他，是個美籍華僑，身為國際知名音樂製作人，往來的朋友非富即貴，這個型男不但愛慕我，並且邀我一起去中國大陸發展新事業。我真的覺得我要飛上枝頭，從金融圈躍入貴族圈。

沒想到這正是我人生考驗的開始。

起初一切都非常好，我前夫真的有志要發展新事業，他是個見過世面的人，且人脈充沛。我則是專業理財顧問，從協助客戶資產管理中，也學習到了很多財務操作，我在想，我和他會不會是天作之合，此時也正巧遇到好機會。

當時我們跟兩個重量級合作夥伴，準備在中國大陸推出一系列的膠原蛋白保養品，這兩大夥伴，一個是台灣的上市公司，資格老、信譽佳，一個是被稱為不老男神的知名藝人，也是形象良好，從沒有負評。

說人才有人才，要資金有資金，當時正是中國大陸百姓越來越富裕，也很捨得花錢消費的年代，而我們以北京為核心，已經在各大城市談好通路據點。包括產品也以最高規格投入，品質優良，很多名人也都願意幫我們捧場宣傳。

什麼叫「天時地利人和」都具備？我們當時事業正是這樣。

這事不可能不成，我們就等著當億萬富翁了。

然而這個事業計畫，後來卻徹底失敗，所謂「人生無常、世事難料」，我們的事業已經來到99％的進程，只等廣告一推出就要鋪天蓋地撒貨，迎接應接不暇的訂單。

但這件事始終沒發生，就在我們行銷計畫正如火如荼即將展開前，爆發了網紅攻擊事件，短時間內在網路社群燃起一股質疑膠原蛋白效用的爭辯。這場風暴來得突然，卻又不巧我們家的產品選在這時間點準備上市，於是成為眾家的箭靶。最終

各投資方選擇退出，結果一個原本非常完美的計畫，就這樣硬生生被意外打趴，產品胎死腹中。

付出眾多心力和成本，換來一場空，包含前夫和我都背上龐大債務。

那時我們已經有小孩，我自己既要協助事業又要照顧孩子，當事業碰到困境，但還沒絕望時，我還為了資金奔走，包括把自己多年的家底都投入，最終即便我已經一無所有，情況卻依然沒改善。美夢成為惡夢，當時我真的不知道該怎麼辦。

 ## 必須在低谷中振作

其實投資失利、經營失敗的事，全世界每天都在發生，債務清償及事業善後都只是技術問題，最重要的，還是心境。

若有堅強的心，就算遭逢最慘的逆境，也能敗部復活，東山再起；相反地，若意志脆弱、自暴自棄，那就真的兵敗如山倒，一切都完了。

當時我人在中國大陸，身邊沒什麼資源，原本仰仗的前夫，因為經受不了這樣的打擊，逐漸情緒失控，不但不能成為我的支柱，還成為我的一大負擔。

前夫已經一蹶不振，我也幾乎要崩潰，後來刺激我奮起的，是我的孩子，女兒一天天的長大。我心想，我自己可以失敗，但女兒還小，難道她的一生也要被我拖累嗎？於是原本因為照顧孩子，而每天穿著變得邋遢的我，決定振作起來。

首先我試著找出自己有哪些強項？

我過往在台灣的財會資歷這裡不能用，因為金融制度環境

不同。但我發現我有個可以服務的客群：「想要在中國大陸投資的台商」。我因為協助前夫創業，接觸也參與了中國大陸相關的創業法規、稅法、貸款實務等等，透過這些 Know-How，我正好可以服務那些台商。

就這樣，危機中的小小轉機，我在北京擔任諮詢顧問服務，勉強有些微薄收入。但單單如此無法養家。之後再透過朋友引薦，有機會可以到中國大陸一個知名的財富管理集團面試，這是我人生中碰過最難的考試關卡，前後共經過四關。

我一個來自台灣的女子，不熟中國大陸的投資商品，因為中國大陸投資性質跟台灣並不相同，必須靠著苦讀各種資料，才有辦法迎接考試。

記得其中最關鍵的考試，是要面對全體高階主管做 PPT 簡報，那壓力之大，簡報前一週我完全無法安心入睡，每天背著自己準備的講稿，情緒緊繃到食不下嚥。結果到簡報前一天，當我找朋友做練習時，根本已經緊張到講不出話來。到了真正簡報那天，其實更慘，腦袋變成一片空白。

後來我決定豁出去，不依賴講稿，就順著 PPT 自己臨場應變。沒想到反倒激起我過往的專業自信，不被講稿束縛，我邊看圖表邊自由發揮，越講越順暢。

當我簡報完，才剛走出大樓門口，馬上就接到電話，通知說我錄取了，我感覺一切像在做夢，也因此讓我取得一個可以養家活口的工作。

後來隨著女兒越來越大，我想帶她回台灣念書；同時前夫因為屢屢事業不順，情緒失控，後來甚至發展成精神暴力，也導致雙方必須走上離婚的路，這些都讓我必須回到台灣重新開始。

幾前年在眾人豔羨眼光中遠赴中國大陸發展的金童玉女，如今落得狼狽回到台灣，那種心境苦楚，我真的覺得世界從彩色，瞬間變成黑白。

 ## 理財是人生重要功課

　　2019年，我回台灣，再次從零開始，初始在職場上有碰到一些困難，畢竟我離台幾年來，已經和台灣金融市場脫節，要再銜接必須經過一些努力，最終我靠著毅力，用堅定的語氣表達我強烈的企圖心，得到重回金融圈機會，也再次找回過往的業務魂，擔任理專主管重新開始。

　　那一年我狀況很慘，離婚手續還在辦理，教養孩子及日常生活的種種花費，靠著我的工作收入只能勉強支應。為了存第一桶金，當時先把女兒寄養在桃園，我自己在台北工作，連租屋的預算都沒有，是借住在哥哥家的一個小套房，生活拮据的我，算一算，扣掉儲蓄及每月必要開支，一天三餐額度只有一百多元。

　　在那段灰暗勞心勞力的日子裡，讓我每天起床可以振作起精神的，就是內心裡那股不服輸的自我期許。我立誓要讓自己跟女兒過好的生活。**我不要讓自己被打敗。**也感恩當處在人生低谷時，可以見證到許多人性的光輝，感恩當時引領我修身養性的 妙禪師父，還有一起同修的師兄姊們，經常帶給我鼓舞及心靈啟迪，讓我即便身處逆境，也還能心懷光明。

　　我不再沉溺於「我是天選之人」的迷思，但我始終堅信，心存善念及感恩會召來好的能量，絕處一定能逢生！就是在這樣

的心境下，一方面我本來就長年累積豐厚的投資理財知識，二方面我當時遇到了許多投資領域的貴人，在一些導師指引，加上自己綜合判斷下，我決心靠著金融投資讓自己翻身。

那年正是2020疫情爆發年，在金融業上班的我，資歷及信用不錯，因此還可以取得上百萬的貸款，我看準「低谷進場」的原則，選擇將貸款 All In 在我認真分析過後的股票上，加倉重壓疫情受惠股。在財務操作上看似有很大的風險，但我累積多年的金融閱歷，讓我知道當時是一次千載難逢的好時機。

股神巴菲特曾說過：「當眾人貪婪時，你就要恐慌；當眾人恐慌時，你必須貪婪。」過往我自己經歷過包含2003年SARS風暴，還有2008年金融風暴，我真正看到當危機發生，眾人恐慌，股票及房市大跌，那時若有人能夠危機入市，事後都證明，所有谷底進場的人，最終都獲得升值的高獲利。

2020年疫情，也正是這樣的危機時間，我透過兩階段的危機入市，第一次選對股票，逢低買進，後來當市場回穩，以相當的高價賣出；同時也進行第二波的投資，這回也是逢低買進，但選擇的投資物件是房地產。

說起來神奇，其實往往人生致富的關鍵就是如此，辛勤工作很重要，那能夠累積生命歷練，但若想帶來高幅度的資產躍升，投資理財依然是必要的。而我確實靠著選對時機，在自己最谷底時，用貸款來的資金，成功翻轉，找回過往曾經失利的財富。如今的我，在金融體系裡，靠著眼光精準、專業諮詢及服務熱誠，不斷力爭上游，兩、三年間已經躍升到很高的位階，服務的主力客群都是高端的收入族群。

另一方面有感於自己曾跌落低谷再爬起來，因此想將這樣的經驗，和處在迷惘中的朋友分享，希望透過自己的專業理財

諮商，可以改變許多人的人生困境。正確的理財的確可以翻轉人生，因此我也發展及規劃出自己的理財系列課程。

人生，有低谷也有高峰，唯有秉持著毅力及智慧，才能走過逆境。這也跟投資的理念符合，當低谷時，反而是投資的好時機。

理財市場如此，人生也是如此。

鍾怡倩 給好姊妹的悄悄話

座右銘	心之所向、欲之所望、事之所暢。
活得漂亮的祕密武器	❶ 人生很多事要懂得割捨，就算現在害怕，妳也必須克服恐懼，設定停損，勇敢決定踏出一步，才有未來。 ❷ 人生歷程會遇見很多人事物，有的可以成為妳的神隊友，有的可能只是過客。珍惜妳的隊友，也明確切斷不對的人。抱持感恩的心，持續向前。 ❸ 必須強調理財的重要，在我人生很多關鍵時刻，正確的財務規劃是幫我翻身的關鍵。

認識更多鍾怡倩

個人 IG

個人臉書

先照顧好自己，才有能力照顧妳重視的人

獅子會會長、形象管理導師
陳星如

成長時代歷經重重打擊，她曾經覺得人生無望，想一了百了，但在殘酷又現實的社會歷練中，卻也讓她看清現實、更看懂自己。

為了賺錢，15歲就頂下咖啡廳，一路創業、累積財富，又在20多歲識人不明、賠光積蓄，30多歲再重新抓回平衡、沉潛自己，成為母親和獅子會會長，也是受人尊敬的形象管理導師。

她比誰都懂人前人後的嘴臉，卻更堅持保有赤子之心的境界。不受環境影響，不否定自己，也不看輕別人。

本篇讓我們看看星如如何一路走來，讓對立面共存互補，擁有屬於自己的「原味人生」。

可麗露

硬脆又厚實的褐色焦糖外殼，是它面對外界的保護色。內部是半融化狀的蛋糕糊，散發著酒香和香草味。一口咬下，只有同時能品味外殼跟內餡的人，才能真正懂得它的美味。歷經高溫的焦糖，酥脆口感甜中帶苦，細膩多層次的內餡，微酸帶香，醉人心脾。

RESUME 簡歷

現任 incumbent

❀ INCA國際認證中級論碼師
❀ PIIC形象造型認證顧問講師
❀ 樂團 Keyboard 兼 Vocal

經歷 experience

❀ 臺中市群英獅子會會長
❀ 星宇資產有限公司董事
❀ 百福酒業有限公司董事
❀ 龍子軒餐飲有限公司董事
❀ 星塵女裝店創辦人

專長 expertise

❀ 多才多藝、得心應手

從中國湖南嫁來台灣十年，回首從前，經歷過不少風風雨雨，為籌措父親保外就醫的費用而奔走，看盡人間冷暖；被男友的事業連累，落得人財兩空；曾被一群惡霸包圍逼債；也曾遭受最信任的閨密背叛。每件事在當時都讓我感到心痛，當我無助時，身邊常常無人可以求援，所有的勵志話語都無法讓我從殘酷的現實解脫，也因此曾在對人間徹底絕望時，覺得不想再掙扎、想過自殺。

如今想來，所有這一切都只是「曾經」，也都是滋養未來的養分。我的確受傷過、心碎過，但也曾靠自己的本事，挑戰新事業，創業過、輝煌過。落魄也好、燦爛也好，對今天的我來說，所有這一切，都是引領我體驗生命的過程，獲得更看清事物本質、開闊視野的力量。

說起來，人生就是一次又一次的體驗，不一定要有什麼目的。當妳努力去成就一件事，也許後來揚名立萬，也許後來功敗垂成，但對我來說，單單那個過程，妳用心過、感受過，那人生就已足夠。

這就是我如今的人生觀。

 ## 照表操課的痛苦童年

說起我的故事，總要從父親對我的教養講起。至今我很少遇過跟我有同樣童年遭遇的人。

父親其實很愛我，我不是生長在家暴或沒有愛的家庭，只不過父親對我的愛，真的太過「望女成鳳」了。簡單說，我就是在軍事教育下長大，不誇張，我從5、6歲，就必須「每天」一早五點起床跑步，且不分晴雨寒暑，就算暴雪天，也照跑無誤。

生活中每個環節，都必須照規定來，我說的每個環節，包括當天應該穿什麼衣服，幾點做什麼事，都必須照父親的指令。我的日子被各種指定的學習行程排滿，除了課業，我被命令要學手風琴、學毛筆字、學畫畫、學體操。

　　父親對我非常嚴格，所有這些學習都不只是玩玩而已，都要做到有成果，這對一個小女孩來說非常痛苦，包括可能當天做完功課已經晚上十點多，還是得照規定接著練手風琴，就算練到半夜，規定該完成的事就必須完成，這就是紀律。

　　學習很痛苦，但對我來說，最大的痛苦是沒有自由，一點自主權都沒有，連穿什麼衣服這件小事都不能自己作主，更別說是生活中更大的事。

　　我在小學時就是體育好手，田徑、球類樣樣都行，其中最擅長也最愛的運動是排球，也被當時某所學校看中，想要栽培我朝國手之路發展，但父親的反應是立刻下令我退出排球隊，從此不讓我打球。我平日穿衣服都很樸素，父親要我做個精進課業、不要貪圖虛榮的孩子，我常穿也最喜歡的運動服，父親看我過於愛漂亮，竟然當著我的面把衣服用剪刀毀掉。

　　我就是在這樣處處被嚴格規定的家庭下長大，因此我小時候的願望很簡單，就是希望哪天可以自己有錢買東西，有自主權就好。就因為如此渴望自由，所以當家裡發生天大的事「父親被捕入獄」，我當時除了震驚惶恐，心裡竟還湧起一種「我可以解脫了」的欣喜，這也讓我小小年紀就有著罪惡感。

　　然而父親出事了，對我家來說影響深遠，當下最直接的影響就是經濟困境，還有接踵而來的被歧視，以及過程中種種對人性的失望。

　　那年我還是國中生，從小被強制規範約束住的我，被迫提早長大。

父親遭逢厄運

父親的遭遇，是典型的命運安排。就是說，如果事情早一年或晚一年發生，他都不會被判那麼重，此外，當時很多處理過程的環節，如果克制一下，也就不會有這麼大的事。但人生就是這樣，事情過了，妳再怎樣「如果」也於事無補。

其實事情很單純，有人積欠父親債務不還，那是生意上的糾紛，由於過程牽涉到對方詐欺不誠信，父親曾經去警局報案，卻被警方冷處理，父親一時氣不過，把那人押到某個地方只是理論，但最終此事的本質是討債行為，不巧碰到當年國家政策有些對地方執法的要求，父親這件事竟然被判刑十年，一個沒有殺人、沒有搶劫，甚至也沒有暴力的案件，竟被如此重判，這毀了我父親後半生，也毀了我們家，帶來我命運的改變。

我無法以結果論來評判當年如果沒發生這樣的事，我後來的人生會更好或更壞，總之命運如此安排，讓我走到如今的樣態。

事發那一天我在學校上課，老師突然通知說母親來找我，這是前所未有的事，當時看母親的表情並沒有什麼異樣，她只說突然想找我回家晚餐，然後又說父親因為做生意要去遠方出差，可能一年半載回不來了，我到今天都還記得當下我心中如何「狂喜」，只是後來覺得奇怪，母親講話語氣哪裡不太對。後來才知道，母親那天本來想找我「交代後事」，決定當晚自盡，後來捨不得丟下我才做罷。

那天之後我就看到很多人情冷暖，包括親戚決定召開大會，當時還好心地說要設法幫我們一家解決問題，沒想到當所有人到齊後，與會親戚當下逼我母親要簽下還款切結書，因為擔心

父親入獄後，欠他們的債還不出來。

　　還有學校裡開始用種種歧視眼光看我，印象中倒也沒有明顯的霸凌，但原本我是個品學兼優的孩子，不但考試成績名列前茅，並且在音樂、體育各領域都表現傑出，我還是掛有中隊長榮耀的學校重要幹部，如今這個明星，一夕間變成是「犯人的女兒」，那種壓力之大，讓我每次上學總是抬不起頭。

　　而更多的不堪，則是為了爭取讓我父親保外就醫，看到許多人性黑暗面。我從一個10多歲的國中生，以及到大學畢業20多歲的這些年裡，生活的重心都是「設法賺錢填補家裡的無底洞」。

　　在過程中我們各種關係都用上，天天這裡要給錢、那裡要拜託，遇到太多收錢不辦事的人、做事不牢靠的人、講話冷嘲熱諷的人，還有毫不掩飾言語輕薄我的人，有親戚、有長輩、有好友，當妳從小就看到那麼多人「說一套、做一套」，和「為了錢可以怎樣貶損人性」，自然也造就我對人、對事的失望。

15歲開咖啡廳以及失去自我的經歷

　　必須說，每件事都有不同面向，當遭逢這些人情冷暖，卻同時讓我的人生首次被「解放」，就像逃出籠子的小鳥，我可以自由自在做想做的事，就因為不同心境相互抵銷，所以當時我沒被打入谷底。但後來的遭遇實在太殘酷，超過我一個10幾歲的女孩所能承受的地步，因此我最後還是被現實打倒了。

　　那時我開始要打工賺錢協助家計，把賺的錢都拿給家裡，因為從小就被父親管束，我也不太懂消費，不像其他女生那麼

愛漂亮、愛買衣服等，所以日常花費很少。學費我自己賺，家裡的支出我也負擔大半。

才 15、16 歲的我，已經很有商業頭腦，似乎天生就有做生意的敏銳度，有一回經過社區附近看到有家咖啡廳要轉讓，我當時就很心動，覺得這件事大有可為，一問只要一萬人民幣就好，當天就回家跟母親說我要把店盤下來，由於未成年，還得由母親掛名負責人。

於是我白天上課，晚上就去顧店和母親輪班，甚至白天也常翹課回去處理店務。我很會管理收支成本，也懂得如何招呼客人，當時也與時俱進，引進正流行的卡拉 OK，把原本社區的小咖啡館，經營得有聲有色，我的店還曾被電視台相中，作為拍戲場地，包括我都有入戲，之後還拍過廣告當模特兒。每月有相當獲利，最後咖啡店盤給別人時，也以不錯的價格賣出。

然而我每天都沒有自己，賺的錢也都給家裡，日子一天天過，為父親申請保外就醫的事像個永遠無法解決的難題，永遠要去拜託某些人，永遠要付錢給這給那。我的心境其實很空虛，對人生感受不到希望，從小已經被父親管教制約、大量栽培各種科目學習的我，反倒一方面懂很多，一方面又沒特別對什麼事有憧憬。

某天我因為想買個東西，想跟母親拿一些錢，一問竟然「沒錢」了，我很失望，感受不到被家人尊重，動支竟然連一聲都不告知。

因為當時種種的不如意，覺得自己存在沒價值，每天賺錢有壓力，而遭遇的都是些令人感到不堪的人事物。我覺得再也不想承受這些，甚至於想一了百了，希望就此一睡不醒。

如今想來，這些「苦其心志、勞其筋骨」的事，越早經歷越好，撐過來都是人生的養分。

 ## 看到人性種種黑暗面

從20歲到30歲這十年，發生了很多事，也交往過不同對象。總之我不是那種平凡的上班族生涯；我在模特兒公司上過班；曾經有機會去演藝圈但沒興趣；我也當過國文老師，教學以嚴格聞名，學生上我的課都不敢造次；也曾開過服飾店；還有擔任酒商銷售茅台酒等等，非常多彩多姿。

後來我父親刑期已滿出獄，他仍想管我，但我已經不是當年那個只能奉命聽從的小女孩。

這段期間給我最大打擊同時也讓我成長的，就是我出社會後第一個男友。我大學念的是外貿英文系，也取得初級會計師資格，男友是建設公司老闆，我就幫忙他，在公司任職出納。

其實我自己因為成長時期的遭遇，已經比一般女孩要成熟，具備更多對社會的判斷力。但也必須說，畢竟我也是個女人，當愛情來臨時，難免會為愛奮不顧身。

男友因為從小家庭富裕，對自己太過自信，他不只經營建設公司，還興建學校，這本來是好事，然而資金沒控管好，各種工程外包出去也施作完畢，但他根本沒錢支付款項，當時連我也被蒙在鼓裡，還負責幫他去各地招生。

我一方面擔任建設公司出納，同時也擔任學校招生組長。學校這邊我沒負責財務的事，直到後來很多廠商來要債，才驚

覺事情不對。我當時為了協助男友，不只把自己身上的現金都拿出來，還用自己之前辛苦攢錢買下的房子做抵押。

事情鬧最大的那天，是一群承接工程的代表結合地方上的勢力，湧進校園恐嚇威脅再不還錢就要砸爛學校，我出於一種年輕不畏事的正義感，同時也害怕學生受到傷害，當校長跟其他老師都躲在後面不知所措時，我竟然直接衝上前去跟惡霸理論，有人認出我是他的女友，我就被大批人硬拉著關到一間辦公室談判，好在後來警方趕到才救我出來。

令人傷心的是，我當時為男友付出很多，把自己身家也都調出來幫他，最終結局卻是他劈腿，當公司倒閉清算時，所有資產包括辦公桌椅都被搬走，但我卻什麼都沒拿到，真正的人財兩空。這是其中一個打擊。

還有一次是被閨密出賣，當時我本來有一個穩固的工作，擔任一家企業老闆的左右手，薪水不錯、前景也看好，只因接到閨密的一通電話，說她的公司需要幫手，於是我二話不說辭掉當時的工作，特地從湖南長沙飛去杭州，當時跟閨密的先生面試也合格錄用了，準備隔天上班。卻不料後來接到我另一個閨密來電說公司有狀況，要我先不要去報到，等候消息，等了幾天沒消沒息，就這樣我莫名其妙地飛一趟杭州又飛回長沙，兩頭落空。

事後才無意間知曉真相：「原來我另一個閨密慫恿公司老闆的妻子，也就是原本請我去杭州幫她的那個閨密，說星如長那麼漂亮，妳放心讓她在妳先生旁邊工作嗎？」也就因此取消對我的錄用。兩個原本我最信任、從小就認識的好閨密，對我做出這樣的事。凡此種種，故事繁多，總之一個個都讓我看到人性的黑暗面。

我變得十分洩氣，感嘆自己人生走到這裡從來沒有少過努力，卻不知為何一再遭受打擊，打拚很久想得到的金錢、感情，一瞬間說失去就失去，頓時失去努力的動力。

　　尤其是初戀男友那段人財兩空的過往，曾經讓我有想不顧一切、乾脆玉石俱焚的想法。直到一陣子後的某天，我想起了母親，以及那些還在我身邊關心我的朋友，突然發現自己並非什麼都沒擁有的人，應該好好活下來！這些對我真正重要的人，才是我應該顧及的人，一切可以重新開始！就算失敗也可以勇敢離開！

　　只要妳願意，人生永遠都可以重新開始！錯誤的感情就當錯誤的投資，不必一直執著為何下錯決定，而是要學會快速止損。回想過去，其實隱約感覺有些財務危機的徵兆，卻還一直投入，也許是內心期盼「投入金錢就能穩固感情」，但其實感情終究不等於金錢，兩者既無法互相鞏固、更不能被互相勒索。需要用感情得到的金錢，或用金錢來穩定的感情，到頭來都不會真正的擁有。

　　這些經驗，除了讓我更看清自己想要什麼，也讓我變得更有原則。之後就算再與當任男友、閨密繼續合夥事業，我都會謹記幾個重點：

⇒ 即時止損（仔細觀察經營方式，一旦不對勁或理念不合就抽金，一定要保本）。

⇒ 盡量擔任關鍵位置（例如，出納，掌握金流）。

⇒ 不要借錢。

⇒ 不要當保人。

　　當然，我就沒有再重蹈覆轍之前那些悲劇了，更能用自身經驗幫助需要幫助的人。

找到安適的生活

後來結識了我的先生，30歲以後的人生，在台灣落地生根。我是個外貌不差，從小到大都不乏愛慕者追求者的女子，相對來說，我先生是個老實人，經濟狀況還可以的普通台商。

如果在我20歲的年紀，我可能不會選擇他。如同大部分女孩一般，心儀的還是外表俊帥又多金的男子，會忽略看不到的品德內涵，但這時的我已歷經人情冷暖，更注重難得的優良品格。

我先生老實到處處為別人著想，總是把自己擺在最後，包括我後來成為他的伴侶，也同樣地，員工的福利最優先處理，然後才是自己和像我這樣的家人。

我陪他度過當時公司經營糾紛，別的股東都走掉了，只有憨厚的他留下來善後，該給員工的薪資一毛都不少。我感受到他待人的純善，而我自己後半生也想過著簡單沒有算計的日子，後來就決定嫁給他。

感恩有他，我來台後，很長一段時間，就真的放下心來，不再四處奔忙，我就想當個家庭主婦，而先生都尊重我的任何決定。

曾經我從小生活一舉一動都被父親管，入社會後為了金錢也是被迫要忙這忙那，現在我很高興真的可以好好做自己，可以悠閒地喝杯下午茶，可以去任何地方走走逛逛，不用擔心什麼事情。

直到今天，我也依然過著這樣的生活。

在台的新發展

　　婚後住在台中，有長達六年的時間，我刻意減少工作與社交活動，只安排各種自己喜歡學習的事物，包括，縫紉、學芭蕾、學日文、玩樂團等等。讓生活回歸單純，為的就是沉潛清洗自己，經歷那麼多人世的變換、社會的現實，我希望不要受影響、找回最純真的自己。

　　六年後覺得心靈平衡，好像擁有可以面對複雜社會的力量了，終於開始想「重出社會」做一些事業。當初是因為生完小孩後，身材有些變胖。女人的本性還是愛漂亮的，於是就會特意留意瘦身訊息，而在機緣下，讓我接觸到賀寶芙。

　　因為我自己使用產品後，真的瘦了下來，所以想做進一步了解。我雖然人生經驗豐富，但從未接觸過傳直銷產業，真正接觸後，就抱著讓生活多點樂趣，將好資訊與人分享的心境，開始去招募新朋友。

　　可能因為我沒什麼包袱、壓力，什麼都可以嘗試，所以一個人在街上發傳單也不會覺得沒面子。後來因此認識一群新朋友，都在我家社區附近的早餐店聚會，這些朋友當中，有許多人本身是大老闆，也就是透過這些老闆的推薦，2019年我加入了獅子會。

　　當初並非是為了推廣產品或頭銜，而只是抱持能認識更多優質人脈圈而加入，沒想到就在我加入的第二年，獅子會創會長竟邀請我接任下一任會長。一方面有些訝異，一方面也好奇，我是新人，為何找我接任？

　　原來是受到全球新冠肺炎疫情影響，實體聚會深受經營考

驗，很多人的生涯規劃也有變，因此無人願意承接。雖然內心有些忐忑，但我覺得這是個新的體驗，在前會長解開我諸多疑問後，便勇於承接。

不過，獅子會也算小小的社會縮影，終究還是會面臨到一些人際往來的「菱角」。果然，剛接任時就有超過 10 人退會，某些會員私下都發出不平議論，認為「一個新人憑什麼可以接任會長？」為此我曾內心無法接受，哭了一晚上。

但後來我醒悟了，每個人都該為自己的人生負責，我可以負責我的人生，但我不需要把別人的份也扛下來，他們或許有各自的理由，我不需要把責任全都攬在自己身上，就算有人針對我，那也是他們的自由，我不需要因為別人的行動影響自己的決定。

基於對前會長的承諾，我咬牙接任，並且因為不服輸的個性，想把它做到好，後來用行動讓大家刮目相看，也得到會長群的關注，被誇讚具有影響力，總算沒辜負前會長的信任。

我一直深信：「別人不認識妳時，行動就是最好的證明。」接任一年會長，因此體驗到很多以前從未做過的事，付出過、體驗過，任期內無怨無悔，也認識許多優秀的同屆會長朋友們。

 ## 為自己的人生做承擔

因為不排斥多面向的學習及體驗，我來台這些年，在很多領域有新的學習，包括我在陳麗卿學院學習形象管理的課程，最後也考取了形象造型師的證照。

很多人以為我是要以此為業才去進修，但當初其實只是想解決自己衣服過剩的問題而找老師上課，希望能學會穿搭，並避免再錯買一堆不適合的衣服。

沒想到後來在與身邊朋友分享上課所學時，意外被問很多問題、幫到很多人，也被認為是這樣的定位，因此未來想往這方面深耕，一切都是無心插柳柳成蔭。

這也讓我發現，一直以來自己賺錢都不難的原因，是因為觀察力敏銳。我經常好奇「如何解決別人的問題」，更甚於「我想賺多少錢」，結果幫別人解決問題後，自然就凸顯了我的價值，於是「順水推舟」地賺到錢。

這同時也讓我突破之前面臨的一個瓶頸：「我究竟想扛多少責任？」隨著事業越多、職位越高，常常肩負更高的責任，這些無形的壓力，讓人越來越難真正灑脫。但只要想明白，人生不過就是一個又一個的選擇，沒有什麼真正的兩全其美，一切似乎就變得豁達起來。

妳會知道這個世界再亂，妳的內心依然可以選擇走自己的路。就像當年父親入獄、我在學校被歧視，還有從親戚那邊看到的人性黑暗面等等，在心底留有一些終身的傷痛，我很有可能因此變成一個封閉自我的人。

但我不想這麼選擇！

我選擇面對，負我該負的責任，也選擇止損，追求自由自在的人生。在每個生命的轉折點，一個不同決定，未來就會不一樣。

如今，各式各樣的事業發展，我依然每月有六位數字以上收入，但已經不像年輕時候刻意去算要賺多少錢，而都只是

順應著生活變化。我只想著：「當有機會來臨，就去體驗不同人生吧！」沒有強求、沒有成敗壓力，我依然保有基本的悠閒生活步調與自在的心，這才是最重要的。

一輩子若只能選做一件事，我覺得那一定是：「把自己照顧好！」也唯有照顧好自己，才能成為一個照顧別人的人。

人生，就是一場又一場的體驗，持續追求「成為更喜歡的自己」。這是我的想法，而我行我所言。

認識更多陳星如

陳星如給好姊妹的悄悄話

SINMS1491

個人 IG

座右銘	世事洞明皆學問，人情練達即文章。

活得漂亮的祕密武器

❶ 要懂得「聰明的善良」，有能力助人很好，但千萬一定要做到先保護自己的家人，再對外人好。

❷ 我可以幫助妳、接納妳，但首先天助自助者，妳要願意看到自己的問題，願意正視自己的優缺點，我不喜歡好高騖遠，連自己都不願意了解自己的人。

❸ 這是個注重個人 IP 的年代，妳要讓自己不凡，就必須多嘗試。對我來說不同的經歷，頭銜及收入多少不重要，如果那件事讓妳人生更精彩，就值得嘗試。

人生沒有絕路，
妳永遠可以
有所選擇！

別擔心！
最好的還在後頭！

東森集團電子商務部資深行銷經理
曾莉婷（Grace）

她的職場經歷一如她的外貌，美麗驚豔！不僅年紀很輕就自營三家服飾店，一條褲子單月業績賣破兩百萬！

後來不斷被各大網購平台與知名電商挖角擔任高階主管，又是國際品牌營運長，Grace 就是「白富美」的同義詞！

但老天送她那麼多禮物，都沒有 38 歲來得寶貴！那一年她失婚、獨自育兒、即將破產、事業還岌岌可危，這個自認最有抗壓性、懂得轉念的甜姊兒忍不住崩潰，歸零之後，她揮開萬念俱灰及心有不甘，終於找到真正屬於她的智慧珍珠。

老奶奶檸檬蛋糕

來自南法的家常甜點，老奶奶代表著一種世代傳承，好的東西禁得起時代考驗。品嚐這款甜點，既有濃密的甜，又有酸溜溜的滋味，好似一種人生況味，唯有用心經歷，才能感受到深沉的美味。

RESUME 簡歷

現任 incumbent
- 東森集團電子商務部資深行銷經理
- 東森全球新連鎖事業官方講師

經歷 experience
- LISA LISA品牌女裝台灣區營運長
- MagV電子書行銷經理
- Gohappy 電子商務部協理
- Momo流行時尚產品協理
- PChome女性購物線上產品經理
- 自營三家服飾精品店
- 菁英獎頒獎典禮執行總幹事

專長 expertise
- 電商市場經營、社群營銷

體悟的源頭，其實早有高人指點，只是當局者迷，即便得到生命的提示，我依然不明所以，且繼續踩著自以為是的步履前進，直到最終真的和「事件」相撞。

　　那年，我20幾歲，正是事業和情場皆得意時，我美麗聰明，散發青春無敵的光彩，也很快征服了許多俊男的心，即將嫁給我中意的一個Mr. Right。

　　擁有許多好友的我，在婚前曾拜訪過一個好閨密，她是個學有專精的命理達人阮老師。這個閨密不賣弄玄學，也不會刻意在好友面前講好聽話，阮老師當時就跟我直言：「不是我烏鴉嘴，但從妳的命盤來看，我不看好這段婚姻。」當時她預言我十年後會離婚。

　　離婚？我打從心底不相信這種不科學的預言。當然我禮貌性地請教這可不可以化解？當時阮老師很明確地告訴我：「只要改變個性，就可以改變未來。」

　　我覺得就算未來發生任何狀況我都不怕，我一定可以憑誠心、毅力及愛心，讓婚姻幸福，人生也幸福。但不幸地，命理師的預言中了，我雖然努力苦撐，但最終我真的在十年後跟當年的Mr. Right離婚。

 ## 聰明女孩的人生難題

　　所以人生到底是怎麼回事？如果十年前命理老師就可以看到我將來的結局，那是否每個人的一生都是注定的？如此一來，每個人都只是被天命所操作的棋子，不能自主，只能受命運擺布，是這樣嗎？

的確，人生很多事不能自主，但也絕不代表人無法掌控自己的命運。

以我來說，我無法選擇自己的出身，我是單親家庭的孩子，比一般同齡孩子早熟，自小就很懂得察言觀色，這樣的我，經常冷眼旁觀大人們的感情及事業種種，例如，我看到有的親戚，曾經創業之路一帆風順，但忽然間一個不小心哪個生意翻了跟頭，結果淪落為失敗破產，公司敗、家也敗。或者大人之間錯縱複雜的感情關係，爾虞我詐，最終留下一堆傷心的人。

這些我都看在眼裡，也暗暗告訴自己：「我要記取前人的教訓，別人走過的錯誤道路，我將來要避開。」

不像許多孩子跌倒了就在原地哇哇大哭，我從小就很懂得「轉念」，知道事情既然發生，傷心難過只會延長痛苦時間，何必呢？

因此我很會管理自我情緒，可能今天學業上受挫了，成績不如意，沒關係，功課不佳，但我有其他才藝啊！若才藝表現也失常，沒關係，我還有其他項目可以表現地很好啊！

總之，就是不會作繭自縛，一碰到事情我就立刻轉念：「此處不順吾意，他處依然可以找符合我的快樂跟價值。」

感覺上這樣的我已練就金剛不壞之身，透過轉念什麼事都難不倒我，也的確，我的人生大部分時候，不論工作、創業或者交友，都很順遂，我幾乎都認為「轉念」就是立足人生的不二法門，直到38歲那年我狠狠跌了一跤，我驚覺某件事我越是怕發生，就越是真的會發生：「真的如命理老師所預言的，婚姻維持不下去，成為一個失婚者。」更慘的是，同時間我的事業、財務及親子關係，沒有一件順利。

我這才覺悟，過往我許多自以為是的想法，其實禁不起考驗，並非人生真理。「轉念」是重要的，只不過對我來說，我過往的轉念並不是真的轉念，而是一種變相的逃避，最糟的是我還自以為這是解決方案，直到發現自己一味地逃避，最終仍逃不過命運。但真的是命運嗎？還是自己的個性問題？

 ## 在摸索學習中成長

原來過往的成功，很多時候是根基於貴人的相助，當時的學習很重要，重點是有沒有吸收內化？還是我所懂的其實只是事情的表象？

我的心靈啟蒙，跟基督教的薰陶有關，我是聽聖經故事長大的孩子，從小學習很多正向思維，也會砥礪自己，若看到別人有不好的經驗，自己就要避免那樣的經驗。只不過隨著逐漸長大，我發現人生無法一廂情願，有時不論自己多努力付出，依然無法避免碰到一些不愉快的事。那時候內心就有衝突，好像「明明我一切都照規定來，結果最後還是可能因為別人不守規定，而讓自己被拖累」，如果再怎麼努力也沒用，那處在這樣人際關係錯縱複雜的社會，該如何自處？

最典型的遭遇就是我在電商產業服務時，因為能力強、做事又認真，屢屢做到不僅達標，且是超額達標的優異績效。可惜職場現況是，會做事的人不一定是被肯定的人，不只一次，我在一個企業集團裡表現傑出，最後卻因為各種人際勾心鬥角的牽連，而被迫離開一個曾經用心耕耘的職場。

其實這樣的現象從小就有，由於出身單親家庭，我渴望身

邊有人陪伴，總是習慣掏心掏肺為朋友付出，但當朋友的家長對自己孩子說：「不要跟家庭有問題的孩子一起，妳會被帶壞」，就讓我在學校被排擠。小小年紀的我感到很憤慨，我的做法就是，你們都說我會變壞小孩，我就用事實證明我不是壞小孩，我不想讓別人口中的誤會，變成我人生的事實。

後來回想起過往時，我真的覺得很累，為了證明自己而變得太過討好別人，結果把自己搞得心力交瘁，朋友卻不見得領情。直到進入國中前，我都不懂得如何調適自己。

後來讓我生活比較安適的原因，一方面是我長大後跟著母親和繼父轉學到台北，離開單純的鄉下環境，到了比較多元的都會，在那裡，單親家庭很普遍，我不再被當成異類。二方面是我勤於閱讀，從國小就開始閱讀三毛和琦君等作家的散文，國中後閱讀更多元，至今二、三十年來保持著閱讀不輟的習慣。

我認為，改變自己人生的兩大重要方法，一個是閱讀，一個是修行。我也身體力行，因此國中以後，我的人生多彩亮麗，包括長大成人後，也是婚姻及事業順遂，我覺得自己是個自信美麗的成功女子，覺得人生再沒什麼好擔憂的事。直到婚姻觸礁，人生迎來一個很大的逆境。

 ## 斬斷一段孽緣

我外表容易讓人以為我很有本錢，享受流連在不同的愛情中，但我的內在其實是傳統思維；從小在教會禱告時，會祈求上天給我一個從一而終、幸福婚姻的女子。我認為愛情是滋養生命的關鍵，愛情的具體美滿終局就是結婚成家。

只不過婚姻跟愛情終究是兩回事，博覽群書的我懂很多這方面的「理論」，但現實生活中我還是太過注重浪漫，卻少了現實體悟。直到結婚，我才知道真實婚姻有很多跟從前想像不一樣的地方，在婚姻裡夫妻雙方必須扛一定的承諾與責任，在婚姻裡每個人也都被迫要做些改變。問題是：「怎麼改？」為什麼要改？是先生要改變多一點呢？還是妻子要改變多一點？

一開始可能只是小齟齬，後來往往發展成大衝突，甚至形成婚姻無法挽回的大裂痕。從愛情走入婚姻後，我彷彿從夢中醒來，才認清原來先生跟自己的個性完全不像，思想不同、價值觀不同，連日常生活中的小事都會有觀念衝突。

但當事情還是小火尚未燎原時，我採取從小養成的習慣，說好聽點是轉念，其實就是逃避。

當在家裡和先生溝通不良，我的解決方式，就是轉念，把自己全心投入事業中；同樣地，在職場上有不如意，我也轉念改為投注到跟孩子互動上。反正哪裡出問題，就跳到沒有出問題的其他領域上。

直到某天我哪裡都無法跳過去了：「因為我生命中同時，且各個領域都出了問題，家庭、事業、財務、親子關係，通通出狀況，我再也無處可逃。」

我終於認知到，過往我採取的方法，只是治標不治本，現在慘了，四面楚歌，該如何是好？其中做為核心的爆炸點，自然是婚姻。因為這件事整個推翻過往十年來幸福美麗的假象。

外人看來俊男美女最登對的組合，實際上卻是天天吵架無法溝通的怨侶。而問題並不會因為我轉身逃入工作而解決，事實上問題還是留在原點，直到某天先生自己找到其他「出口」。

當婚姻走到有第三者介入，就已經變質了。

我在這方面不是拖泥帶水的人，當我發現這件事已經走到最不堪的局面，我選擇快刀斬亂麻，只花十二天就和當時的先生完成離婚手續，且內心沒有很大的震驚，因為在過往，我就隱約知道，這段婚姻很難一起白首偕老，這段日子以來只是不斷地隱忍及逃避而已。當緣分真的走到盡頭，我心中非常難過，但也不得不割捨這一段孽緣。

接著我回想起十年前命理老師的預言，這一切終究發生了。這事帶給我相當大的傷害，也因為剛好諸事紛至沓來，讓我更覺疲憊無助。然而正是因為上天給我這樣的功課，才讓我願意「重新審視」自己的人生。

 ## 誠實的自省最可貴

我總是從表象「以為如此」，不去深入探究事物核心，甚至在結婚初期，我內心裡就有聲音告訴自己「不太對」，但我卻依然用一些勵志話語自我安慰、粉飾太平。

終於，上天給了我一次大大的教訓，這回我選擇要認真做好人生功課，而第一課就是要「認真面對自己」。

我問自己，對一段感情不快樂，是因為太在乎自我？還是太在乎社會形象？回歸人與人間相處的初衷，夫妻結合是為了締造幸福，但如果發現原來自己無法給予對方想要的幸福，妳還要執著嗎？那是執著什麼？是因為覺得自己付出太多、心有不甘嗎？那不就把婚姻變成是一種兩人間的較勁？這是婚姻的本意嗎？

我後來跟隨大成就明師用心修行，自己也認真跟自己對話，我選擇「勇於承認」：「是的，從一開始就選錯了對象，一開始就太聚焦在表象的外在長相，而沒去深思熟慮個性是否相合。」

　　如果前半部已經錯了，那就割捨吧！至少好過歹戲拖棚，自己的下半場人生依然可以好好過。

　　曾經我也感嘆命運，覺得這是天注定的嗎？有所謂家族輪迴這樣的事嗎？因為自己的母親跟生父，就是在結婚十年後離婚，所以這樣的命運也會「遺傳」給兩個女兒，包含我和另外一個妹妹，都逃不出十年的詛咒，並走到離婚的路途。

　　如果一直這樣想，那麼思想決定行為，大家之後也都會「理所當然」地照上天的劇本走，永遠走不出既定的輪迴。

　　好在我最終悟到了生命的真諦，我可以做自己的主人，後來我跳出了這個輪迴、認識真實的自己，也找到真正可以跟自己匹配的好男人，成就一個美滿的家庭，並且真正琴瑟和鳴，夫妻齊心，願意共同把對方當成生命中最重要的另一半，也為孩子打造真正幸福的家庭。

 ## 讓自己歸零重新體悟

　　我能夠由低谷爬起，有兩個不同的重要關鍵：「一個是從小培養的習慣，一個是後來的覺醒。」

　　由於從小生長在單親家庭，寄養在母親的家族，所以養成觀察及跟前人借鏡的習慣，因此碰到事情，不會被卡在原點，反正錯誤發生就發生了，要繼續往前走。也就是這樣的習慣，

讓我碰到失婚，卻沒有深陷自怨自艾的泥沼。

不過以前我最大的缺點就是碰到事情會透過轉念來逃避，但當每件事同時發生，我逃無可逃時，我終於願意真正的覺醒。

關於失婚這件事，我當然會難過，畢竟婚姻是兩人的承諾。但我願意客觀審視這件事，我看到自己在整件事中也有錯，畢竟一個巴掌打不響，我過往的確因為投入事業而忽略家人。

事情都發生了，不要去指責誰對誰錯，而要去思考，過往這段歷程，自己哪些地方沒做好，才會導致這樣的結果？

凡事都有因有果，比起爭對錯，更重要的是想因果。對錯只會一直讓事情停在過去與現在，因果則會啟發妳有機會改變未來。後來我遇到明師，長年打坐禪修，有句話我在失婚後有了深刻體悟：「菩薩畏因，眾生畏果。」

我當時的種種挫敗，失婚、房地產投資失利差點破產、還有工作上的瓶頸等等，認真去想，每件事都是自己有忽視或做錯某個環節，才一步步變成這個結果，原本以為的命運輪迴，其實都是自己每一個不經意的選擇所導致，雖然無法責怪命運，但也不需要太苛責自己。因為只要覺醒了，一切都不算太遲！唯有誠實接受、停止指責，並停止負面循環，才能真正往下走。

而怎麼往下走呢？簡單說，就是讓自己重新歸零！

我承認自己過往不夠成熟，我繼續大量閱讀，並重新審視從前自以為正確的對事、對物判斷方式，這才發現，很多過往忽略掉的重要觀念。像是離婚後，我才體悟到自己其實沒有真正了解自己，也沒有真正了解另一半。如果雙方都沒有真正了解對方，那婚姻會失敗也只是時間早晚而已。

覺悟後的夫妻相處之道

重新審視一切後，除了看出自己的盲點，也讓我看見一直在身邊寶貴的愛。

在學習過程中，我非常感恩兩個親密的家人。首先是兒子的體諒，當初離婚時，兒子不明白大人間發生什麼事，後來他稍長些，兒子跟我表示他的困惑，我也不再逃避面對問題，誠心和孩子溝通，我問孩子：「如果相處的兩個人，彼此再也不能給對方快樂幸福，你覺得應該強留兩個人痛苦的一輩子相處；還是真心給對方祝福，讓彼此自由呢？」孩子聽了我的話後，心中也感到釋懷了。

另一個要感恩的家人就是如今我再婚的先生。曾經有好友問我，都已經歷過一次痛苦，幹嘛又要再次跳進火坑？現實社會中，的確很多失婚族後來畏懼婚姻，選擇單身到老。

但我反問朋友：「難道一次考試失敗了，妳就不願重考再出發嗎？」某個角度來說，不重考實在太浪費了！因為好不容易上天給妳一個大考驗讓妳學習到許多，妳有機會比別人考得更好，為何不再重考一次？

因此如果遇到不錯的對象，當然要再婚！並且這回的自己擁有更多寶貴的經驗與學習，一定可以建立幸福美滿的婚姻。這都是我修行之後得到的大師智慧。

這回的婚姻，我的心境已經大不同。以前的我很任性，動不動夫妻意見不合就冷戰，個性倔強的我，就是不願意放下身段去和對方溝通。但同樣的爭執，在這段婚姻再度發生時，我的做法已經完全不同，我變得比較柔軟、會撒嬌。我可以看得

出對方的情緒，並立刻調整自己，等到對的時間點再來溝通。

這不是委曲求全，我一樣守住自己的價值、理念、觀點，但同時又不必和對方針鋒相對，所謂溝通，就是願意理解對方本來就是跟妳不一樣的人，妳不會硬要把對方變成自己想要的樣子，同時也不會為了迎合對方喜好而遮住自己原本的面貌。只要願意努力，終究會找到彼此可以接受的平衡點。

這樣的相處模式非常成功。夫妻吵架在所難免，重點是不會聚焦在情緒化，而能夠回歸事情本質做理性溝通，同時，也不忘組成家庭的初衷：「就是因為深愛對方，才會想要一起討論這些攸關一生的事。」

每件事都有不同角度，我願意用正面角度去看待另一半，給予讚美，對方也願意用正向角度來看我，欣賞我的優點。當彼此總是記得相愛的出發點，並尊重雙方不同角度的思考，讓抱怨「為什麼你不按照我的意思做！」的聲音，逐漸變成去思考「你為什麼會想要那麼做？」那麼看似容易一觸即發的爭執，就會突然多了很多解法，另一半都變得順眼起來。

有一次先生隨口說：「老婆，妳也買太多衣服了吧！衣櫥都放不下了！」從前的我一定會和先生吵架，認為先生干涉我的生活，但現在我認知到，先生不是吝嗇、覺得買衣服花錢，而是覺得我真的買了太多根本不太穿的衣服。於是我跟先生承諾半年內不再亂買衣服，但是否先生也要給個獎勵呢？先生非常開心我願意接納他的建言，於是願意回饋我，只要半年不亂買衣服，就送我一個名牌包包。

這樣的夫妻相處，天天都很開心。不再硬碰硬，關係自然就和諧，夫妻就能鶼鰈情深。說到底，所謂「人生的智慧」不就是看待事情角度多點彈性，與留給雙方的轉圜空間嗎？

尋找就必看見

曾經在最沮喪時，我對老天發出怒吼：「上天為何這樣待我？」但如今我真心體悟。年輕時候，我一直熟記《聖經》裡的一句話：「尋找就必看見。」但當年我根本就不明白這句話的意思，後來是經過修行才真正理解，關於人生的種種，不論是愛情、事業或金錢，很多人以為所謂的尋找，是向外尋找，一再向外求，把自己搞得很累，卻依然一無所獲。

卻未發現，原來「尋找」的真意，是要跟自己對話。唯有更好的自己，才能過著更好的生活。我在和自己對話後，真正有了生命的體悟和突破。

原本我覺得離婚是個悲劇，甚至有段時間覺得人生不知道該如何走下去？但現在我確定，離婚是上帝為了要讓我「懂得好好認識自己」，而送給我的一份禮物。

歸零後的我，終於徹底清理自己，並且透過學習，一步步走出失婚、負債、創業失敗的困局，成為理想中更好的自己，而我也終於才了解十年前命理老師的啟示。

那年命理老師跟我說，十年後會離婚，但也告訴我，解方就是改變個性。當時我誤會了，以為改變個性就是代表逆來順受，但對方的話並非此意，一再逆來順受，終究會失去自己的個性。

所謂改變個性，意思是命運掌握在自己手上，有句話說：「人定勝天」，初始我不以為然，如果命理老師都可以預言我會離婚，並且說得那麼準，那人怎可能勝天呢？

但現在我了解，所謂人定勝天，指的是戰勝妳原本的個性。戰勝妳原本的不夠有智慧；戰勝妳原本的不夠圓融、不夠圓滿。

　　以夫妻關係來說，同樣的狀況，當時若以不同的圓融來處理，不一定會走到離婚之路，或者說，從一開始兩人交往，就可以理解對方是不是跟自己不適合，有沒有調整的可能，這些都是可以調整的部分。

　　處理親子關係也是一樣，我以前可能會因為壓力大而對孩子缺乏耐心，甚至曾經因為不想讓孩子太黏自己，影響上班，而打過孩子，當時我還覺得這樣的「教養」是對的，所謂不打不成器。直到某天我試著拿棍子打自己，才發現原來竟是這樣的痛，我瞬間流下淚來，覺得自己之前太狠心，心裡超後悔用這樣的方式教育那麼小的孩子，後來我都會用耐心向孩子多問、多溝通，盡量調整自己的口氣。

　　「不論是面對什麼角色，都應該要有更多的同理心才對。」這就是我尋找後的體悟。最終回到當年算命師的預言，我才知道即便是同樣的命盤背景，若兩個個性不同的人去問命，得到的結果會不一樣。個性決定命運，原來就是這個道理。

　　相對而言，改變個性就能改變命運！但要發現這個道理其實並不容易，除非妳願意跟自己對話，而如今的我也因此擁有了幸福新生活。

　　當碰到問題，我沒有停在原點，陷入受害者的情緒低谷自怨自艾，也不催促自己盡快轉念忘掉一切，而是誠實接受每一個當下的挑戰，在跟自己對話後，審視自己，錯的事情不再犯，對方的錯也不再一一討伐，並且把每個錯誤都當成是一次生命的功課，從中必有可以學習的地方。

幸福掌握在自己手裡。

感恩他人，改變自己。

感恩上天，用心對待生命的習題。

認識更多曾莉婷

曾莉婷 給好姊妹的悄悄話

美麗力量 IG

座右銘：一切都是最好的安排。

❶ 幫助別人讓世界變得更美好

以前因為沒有自信，所以我不喜歡受矚目，被稱讚漂亮也備感壓力，但自從我接觸到自媒體和出書後，我知道想要成為有影響力的人，就必須能夠坦然面對大眾。

我喜歡幫助別人，尤其是女性，看到有人因為自己的人生經驗受到激勵，可以更快跨越和更愛自己，都讓我覺得活著真好。想著別人的過程中，讓我必須學會面對最恐懼的舞台，還有更大的胸襟去面對各種評價，也需要學習社群媒體和多說正面的話語，想要幫助他人的心反而讓我更加成長！

❷ 未來雖然是不確定的，但依然擁有希望

面對婚姻的失敗時，有位好友跟我說：「別擔心！妳的幸福還在後頭！」當時我突然覺得自己太悲觀了，這不是可以改變命運的好機會嗎？我為何不去把握這個機會，重新開始自己真正想要的人生，於是我開始列下了自己想要的人生藍圖，並努力一步一步地實踐。

活得漂亮的祕密武器

CHAPTER 002

健康篇

Healthy

在人生最接近死亡的時刻，
你會看見什麼？

珍惜人生，想做什麼，從現在開始！

V Magiclub 台灣區總經銷及專業形象顧問
范心婷

假如有一天，醫師在妳事業如日中天、外表青春美麗時，宣布妳罹患癌症，並且無法確定有多少存活率，妳將如何迎接明天？這不是演電影，而是活脫脫發生在范心婷身上的故事。

她在30多歲的最美年紀，面對生命最殘酷的打擊，如今病癒後創業有成，已是各大企業爭相邀訪的專業形象顧問，同時還是護膚俱樂部的執行長，看她如何走出低谷、迎向陽光，為自己重新活一次！

提拉米蘇

小小的蛋糕，卻包含複雜的食材與層次，浸過咖啡的手指餅乾、馬斯卡彭起司、可可粉、卡士達等，都要恰如其分，才能匯聚出苦甜交織的人生美味。其實每個人都是有故事的人，都值得愛自己。

RESUME 簡歷

現任 incumbent

- ⊛ V Magiclub 薇美姬名媛匯（護膚俱樂部）執行長
- ⊛ 愛完美形象管理事務所總監
- ⊛ 美國 AICI 國際形象顧問協會台灣總
  會公關長（2021-2023）

經歷 experience

- ⊛ 美國 AICI 國際形象顧問協會台
  灣總會活動長（2020-2021）
- ⊛ 東森電商高效直播主網紅培
  訓班個人形象美學講師
- ⊛ 戀愛大學合作講師
- ⊛ 富邦銀行教育訓練講師

專長 expertise

- ⊛ 擁有美國國際形象顧問認證 &
  日本高階色彩顧問證照，擅長
  為個人打造整體形象規劃，同
  時也是一位專業的形象美學講師。

原本我只是一個普通的上班女郎，跟路上常見的20～30歲粉領一樣，有些屬於年輕女孩的浪漫夢想；有些自青春期以來戒不掉的淘氣，可能有時跟姊妹淘逛街笑鬧、有時獨自一人邊追劇邊拭淚。

這樣的日子沒什麼不好，老家住新竹的我，畢業後北漂在都會區工作，也擁有自己溫適的窩。服務於金融業，每天忙碌著，平日職場跟客戶應對，假日也有自己的安排，一年中只有在某些特定假日或節慶才回老家，每個月和父、母親見面像是一種子女應盡的義務，跟自己的親哥哥更少碰面聯絡，感情遠比跟閨密及同事平淡。

總之，我就是個平凡女子。

我和大部分同齡的女孩一樣，把日復一日忙碌的生活當作理所當然，對身邊人事物不會特別留意或珍惜。

直到那件改變我的大事發生。

 ## 人生總有難以預料的意外

我經常看電視或小說，並總覺得故事中主人翁們的意外或不幸遭遇，跟我無關。特別是我還年輕，正是最美麗活潑的年紀，對我來說，醫院和我的生活完全沒有任何關聯。

我從來沒想過我會生病，但人生就是這樣，凡事無絕對，這一個轉角妳嬉鬧著，不代表下一個轉角妳不會落入悲傷，無常的來襲不分年紀，可能昨天妳還在規劃下半年度的旅遊行程，今天就聽聞醫師宣判妳的人生進入倒數危機。

那天我終於決定去醫院，因為覺得再不去不行了，我清楚知道身體出了狀況。剛開始摸到胸前有腫塊時，還自我安慰可能只是一般的皮膚症狀，並忙於工作，沒有好好面對，但幾天下來，症狀並未消除，這讓我在上班時心神不寧，根本無法專心工作。

　　我懷著忐忑不安的心情去醫院檢查，希望過去幾天的擔憂只是一種杞人憂天。但醫師的表情粉碎了這一切，他告訴我實情：「看起來是惡性腫瘤，已經有4公分那麼大了。」

　　有一瞬間，我腦袋空白，不知該如何反應，就好比妳正在忙碌工作時，突然被拉出去說妳不屬於這裡，一下子所有關於未來的夢想計畫，都失去意義。

　　當天只有照超音波，尚未正式做病理切片，但醫師單憑經驗就已經知道情況不樂觀，基於不要讓病人慌張的善意，他還是語帶保留地說：「還沒確定是良性還惡性」，但醫病雙方其實都心知肚明：「這下麻煩大了。」

　　再後來等更精準的切片及斷層照出來，情況比原先預估還糟，確認癌細胞不只4公分，而是已有6公分這麼大，連醫師也不太敢讓我看X光片，因為他覺得我還這麼年輕，恐怕難以承受這件事，他只說現在醫學進步，癌症是有機會治癒的，但一直無法明確跟我說出存活機率有多高？

　　感覺上醫師只差沒有說出這句話：「有什麼未盡的心願或後事，也許可以預做準備了。」而我的確什麼都沒有準備。

　　我怎麼知道要準備？我還那麼年輕，原本生死對我來說還是很遙遠的事。

　　我還有很多事沒做，但我有「時間」做嗎？

好比我一直在心裡想著，「將來有一天」要好好孝敬父母，「等我功成名就」後，會賺大錢讓他們享福；好比我也還在想著，怎樣存錢好好規劃自己的人生？畢竟才30多歲的我，職位已是金控集團的高階經理人，還可以繼續晉升，我應該前途似錦。

結果突然間，我被通知我可能沒「時間」了。

怎麼會這樣？「無常」來得如此突然，要我如何準備？

 ## 原來家人是愛我的

那天在醫院初次看報告，醫師跟我大致說明身體狀況，以及之後院方可能會做哪些安排，接著他站起來拍拍我的肩膀，要我別難過。

我心裡其實已經麻木、失去表達力，那種強烈的震撼感，讓我不知道該怎樣反應，也不知後來自己怎麼走出診間。來到人來人往的醫院大廳，突然有種錯覺，好像我今天沒來醫院，我還在我服務的銀行忙著。可惜這一切不是夢，所有美好留在昨天，如今人事已非，我的生命被宣判準備要進入倒數。有那麼片刻，我恍若已經失了魂，呆呆地站在那，不知該何去何從？

不知不覺我的面龐已濕透，接著我無法控制地淚崩。

本以為自己多年來在競爭激烈的金融產業服務，經常為了業績必須在高壓下衝刺，也經歷過太多的爾虞我詐，早已練就一副無堅不摧的女強人心態，但面對如此沉重的打擊，我終究還是陷入全然的無助。

許久之後回了神，第一個浮現在腦海的還是家人身影。我

必須通知母親這件事，平常每週我也會打電話回家，只是這回不再是告知乖女兒假日會回去，而是要告訴母親，這一生可能相見時日不多了。

就在準備通話時，一個念頭在我腦海浮起，從小母親就很疼我，我捨不得讓母親太難過，於是原本有滿腔悲傷想要對著母親訴苦，我卻在電話中改為平鋪直述地訴說狀況，我冷靜地跟母親說，好像檢查出有腫塊，不過具體情況要做進一步的切片才知道。

掛斷電話後，我再次六神無主，手中握著手機不知道該打給誰，也才知道當面臨生死關頭時，原來身邊真正可以作為信任朋友的人，好像沒有太多。我實在無法想像，如果我罹癌的消息傳到同事圈，後續會如何？但我悲哀地想著，大部分人應該只會感到好奇，以一種看熱鬧的心境來看待這件事，又有幾個人會真心為我感到難過不捨呢？

就在我仍呆站在原地，思緒一片混亂時，手機忽然顯示一個平時不常互動的號碼，是哥哥的來電！

我一接起電話，就聽見哥哥焦急的聲音：「剛聽媽媽說，妳去醫院檢查有發現腫塊，具體情況是怎樣？」我心想反正跟哥哥比較不親，不會有太多顧忌，就老實跟哥哥說，醫師覺得應該是惡性的腫塊。

才剛說完，話筒那端卻忽然傳出哭泣的聲音，哥哥哽咽著說：「怎麼會這樣？怎麼會這樣？妹妹妳不要擔心，哥哥會永遠陪在妳身邊……。」聽到哥哥哽咽的聲音，我的眼淚再次潰堤。

我好愛我的家人，為何我以前都不知道要表達？

人生可以再給我一次機會，讓我好好跟家人說愛嗎？

過往一切不懂得珍惜的種種，在我心中頓時化為一幕幕懊悔的畫面。我好想問：「我的人生還來得及嗎？還有時間去對那些愛過我的人說謝謝嗎？」

 ## 重新看待人生

突然知道自己罹患重病，就算我平日是精明幹練的主管，此時也變得不知所措。

感恩家人是支持我最堅定的力量，父親、母親、哥哥，還有親友們，動員所有的人脈關係，用最快時間幫我打聽哪裡有名醫，並快速做出聯繫和安排。

不久，就確認由馬偕乳房外科權威張源清醫師當我的主治醫師，也即刻安排住院事宜。雖然初聞噩耗時，我表現很脆弱，所幸我本身算是夠堅強的人，並且內心裡有著對家人深深的愛，於是我做好心理建設，要跟癌症病魔對抗。

很快地，我做完工作上的相關交接，然後就在全家人深切的期盼和祝福下，在醫院經過切片確認，以及接受抗癌計畫後，開始進入長達一年的標靶治療。

我人生有了新目標，我要跟時間賽跑，絕不對命運繳械！希望過往的一切遺憾還來得及追回。我的生命就是在那一年改變的。而我希望閱讀本書的每位讀者們，不要像我一樣，等遇到重症才想要去做點什麼；也希望透過這本書，能幫助與我有相同經歷的人。

因為走過，我才能體會生病的恐慌跟無奈，真正痛的不是

身體，而是心裡。如果妳正在經歷跟我一樣的狀況，我可以告訴妳不需要假裝堅強，妳絕對有權利難過、抱怨跟任性！如果這樣做能讓妳的心裡舒服，真正愛妳的人也會包容、陪伴妳。但是，不要讓情緒停留太久，調整好後，勇敢去面對，並把注意力放在從沒看過的人事物上，妳將會看到不同的世界。

我走過來了，回過頭看，我體會到「生病」是上天賜給我的禮物，因為有這樣的挫折，才造就現在的我。

在那一年裡，我進進出出醫院，接受一次又一次的療程。世界還是一樣的世界，只是我看東西的焦點不一樣了，我才發現，原來過往有太多事我視而不見。過往有太多的歡笑，以及笑聲背後的理所當然，讓我很難去想像在世界不同的角落，有人正經歷著苦難。因為那些悲傷故事離自己太過遙遠，別人的苦難於我無感。

但在醫院裡，每天看到的是經歷不同程度苦痛的人們，所謂生老病死，都是人生必經的過程。一般人日常很難看到的人性悲喜劇，在病房天天上演。

我看到一位20多歲的女生，已經癌症末期，瘦得不成人形，身材形容枯槁，她的家人依然不放棄地陪在旁，持續為她加油打氣；還有才9歲的罕病兒童，即便天天被病痛折磨、跟死神拔河，在睜眼的每一天依然心存感激，並堅持要活得樂觀開心。

每天一幕幕在醫院上演的人生真情，令我看了非常心酸。看著這些過往從沒留意，而如今歷歷在目的人間真實種種，我當時就暗自決定：「假設老天眷顧我，願意讓我完全康復，我一定重新做人，把生命好好地活過，我要做自己真正想做的事，我要做個更有愛與同理心，對人更關心的女子。」

當原本忙碌生活的一切都被迫暫停後，同樣過往看不見的是，這世界原來這麼美。

原來在天空中，不同時刻有不同形狀的雲朵，從日出到日暮有著變化萬千的顏色；原來街頭巷尾，人們的日常那麼有趣，看小女孩笑得多開懷，然後一旁她的母親，看著自己孩子的眼神，原來那就是所謂的幸福。原來不需要什麼功名財富，日常生活中自然就有著幸福快樂。

在治療期間，我跟家人都想通了：「不要再說『將來』想如何了，想要做什麼就趁還有體力時去做，心中想說的愛，現在就立刻說。」在療程進行到一半時，評估自己體力還行，我和家人跟醫院商量過後請了假，決定帶著母親一起去日本旅行。

過往我曾經多次海外旅行，但這回是第一次和母親兩個人在不趕行程的前提下，定點在東京市旅行，我們慢慢玩、慢慢逛，母親 70 多歲，做女兒的我則罹病療養中，母親走路慢，女兒體力也不濟，剛好就一起慢慢走。

「感恩媽媽來陪我。」那天坐在 JR 快鐵裡，我靠在母親肩膀，輕聲這樣說著。那是一段我覺得很感恩、很幸福的時光，當時的我或許失去健康，但我卻用從未有的、很珍惜及很感恩的心，與我的母親一起旅行。

 ## 做自己真正想做的事

妳是否曾經跟老同學握手說：「多年不見，妳還是那麼漂亮？」妳是否曾經跟客戶說：「我鄭重推薦買這個商品，保證明年讓妳大賺一筆？」

有些話是禮貌客套，就算是善意謊言也無可厚非，有些話卻攸關對方的財產甚至生計，業務銷售時，應該要對自己的話負責。想起過往十多年的商場經驗，在治療期間，我深深反省著「真誠」這件事。當躺在病床上時，我重新思考自己人生真正想做的事是什麼？

為何要投入金融業？因為這行業光鮮亮麗且多金嗎？其實我雖不討厭幫客戶理財，但也沒那麼愛這份工作，說到底，會一年一年待下來，就只是被收入及生計綁住而已，擔心若離開這行業，可能再找不到如此高薪的工作，就算偶爾午夜夢迴，想到另一種自己的職涯可能，也僅當作白日夢，想想就算了，畢竟我跟大家一樣，不想跟自己荷包過不去。

但現在情況不一樣了，如果人生只剩下有限時光，難道要讓自己從年輕走到中年，直到年老才後悔人生沒有做其他選擇？因此在治療期間，我就已打定主意，日後康復，要拾起自己曾有的創業夢。

而一年後，當標靶治療結束，後來開刀去除病灶，再重回職場，雖然金融公司的高層一再慰留，我卻毅然決然拋開本來年薪一、兩百萬的收入，選擇當專業Soho，以自己最愛的「美麗」為謀生技能。

我從小就很愛美，比一般女孩更加關注如何打扮穿搭；我也知道，所謂美並沒有一個標準，有人臉上塗抹名牌的彩妝系列，可是看起來就只是野豔，甚至有些俗麗，有人則不抹胭脂，只簡單塗個淡雅口紅，就形象清新，獨具魅力。

到底如何追求真正的美呢？我經常花時間去研讀當季的時尚雜誌，也閱讀相關的書籍，後來甚至還去進修相關課程，取得專業的證照，研究了色彩學、服裝學，也知道美麗是一種整

體的規劃，不同的人在不同的場合，以及不同的時節，應該有不同的裝扮。

我從一開始研究色彩美妝，後來則鑽研整體形象美學，經歷過幾年的研習，最後不但取得美國 AICI 形象的國際證照，還擔任 AICI 形象協會台灣總會的公關長。

不過短短兩年的時間，我把原來只當作是業餘興趣或斜槓收入的事，發展成可賴以為生的主業，若非這場大病，我從來沒有想過，自己有天會離開高薪的金融業，以形象造型師的身分立足社會。但經歷過生命的考驗，讓我看清對自己真正重要的事，美的事業才是我真正喜歡的領域，因為我自己愛美，也希望幫助別人變美。

2020 年，我正式脫離上班族舒適圈，成立了自己的形象顧問公司。做這樣的決定不容易，特別是當年已經疫情爆發，百業蕭條，但我依然決定創業。之後開始受到幸運之神眷顧，在一次受邀演講的場合，遇見改變我職涯的重要貴人——V Magic 薇美姬免微整形科技保養品的創辦人。

那天我和創辦人見面，我表達出想站在真心為客戶著想立場做服務，不要再為銷售而銷售，而這剛好是創辦人創辦美妝產品的理念，我們兩人一拍即合，因此後來我就被賦予重任，擔任該品牌在台灣的總經銷，讓美學事業更上一層樓。

 ## 一個值得投入的美麗事業

選擇跟 V Magic 薇美姬合作的原因，不僅是因為與創辦人經營理念契合，也因該品牌本身具有強大的實力。這個早已紅

遍東南亞市場的沙龍品牌是由台灣人創立，並且已經深耕超過十年，其中有些保養品項，更是在地超過十年的暢銷指定用品，代表通過時間考驗，有口皆碑。

建立合作關係後，雙方也確立事業經營方式。過去的我因為有服務高端客戶的經驗，以及後來培養的專業美感，所以我希望採VIP沙龍的模式，針對個人做更深入的服務，而不採一般傳統 B to C 店鋪行銷模式，於是我們共同創立了 V Magic 旗下的一個新品牌——V Magiclub 薇美姬名媛匯，要為女性們打造一個具隱密性、高貴不貴、高質感的護膚俱樂部及服務，除了有專人諮詢，更重要的是，V Magiclub 薇美姬名媛匯的服務打破有別於一般沙龍店以推銷產品為主的模式，而是反過來以創新流程及服務為主，產品為輔。

在採用前，每位客戶都必須經過公司以 3D 專業儀器做肌膚檢測，分析肌膚過去、現在、未來的狀況，因為造成肌膚問題的因素太多，很難用肉眼判斷精準，唯有透過高科技儀器真正判定每個人的肌膚狀況和屬性，才能提出對個人最適合的建議，而非如百貨專櫃般，以為只要掛上名牌的都是好商品。

V Magic 的實驗室相當嚴謹，當初我在正式與創辦人合作前，也曾親自穿著無塵衣，參觀研究室，確認這是可以安心投入的產業，最終才拍板入主。

其實許多國際名牌美妝，都是針對西方人皮膚設計，不一定適合亞洲人膚質，V Magic 創辦人當初就是基於真誠的關切，發現許多印尼、馬來西亞人因崇拜國際名牌美妝，所以往往在塗抹後，出現很多皮膚問題。因此，決定提供高品質的台灣研發產品，以求更真正貼近亞洲人的膚況需求。

剛好，V Magic 雖然是東南亞地區知名品牌，卻反倒在發源

地沒有好好發展自己的據點，因此，我有幸承擔台灣事業發展的重責大任。這也是我癒後重生，人生真正第二場奮鬥的起跑點，我非常樂在工作、認真生活。

V Magiclub總部，雖不走大量鋪貨的傳統美妝通路模式，而是採取一對一精緻服務的會員制方式，但創立不到一年，就因為口碑效應，已經建立穩定客戶群。

秉持著真誠，我會站在客戶的角度做出對她最好的規劃，例如，我會跟客戶說：「小姐，我覺得目前這套產品不適合妳，建議妳先不要花這筆錢。我們先從日常保養做起，等膚質改善後，再來做這套美白，妳說好嗎？」我是真心想為客戶找到更美麗、更自信的方法，而不是只想著要掏出她們荷包裡的錢。

沒有人的人生是完美的，唯有造物主才是完美的。我相信造物主真實存在，無論祂給了我們什麼，都是為了要讓我們學會愛與被愛，珍惜此刻擁有，勇敢做自己真正想做的事，那才是真正的自己！因為現在的我真正明瞭人生的意義與工作的價值是什麼，我為人服務，也為自己的使命服務。

 ## 要不要開刀？

每當和客戶分享美麗保養，有機會也會聊到我對這份工作的使命，當跟客戶聊著聊著，我總是會回想起那年我正準備開刀前的心境。

那時，經過一年標靶治療，由於對家人的熱愛，我心中充滿強大的求生慾，在搭配醫療團隊專業治療後。感恩上天，我那顆腫瘤真的明顯縮小，我也漸漸不再惶恐，但最終還是需要透過手術切除病灶。

原本排定手術那天，我內心感到非常害怕。不僅擔心手術成敗攸關性命，也擔心手術會因此切除身上的部位，讓我成為一個不完整的女人，對於一個天生愛美的女子來說，那將是個很大的遺憾。

　　就是如此的害怕，讓我不只一次問醫師真的要開刀嗎？因為在開刀前所做種種的檢查，醫師也很坦白地告訴我，當初的腫瘤太大，所以沒有十足的把握在開刀後，還能完整的保留乳房，但是開刀是必要的，因為必須將殘餘腫瘤及結痂去除。經過內心的掙扎，在即將動手術前，我終究還是覺得自己沒做好準備，於是跟護理長說，我暫時還是先不要開刀吧！

　　護理長於是通知主治醫師我的決定，那時人還在其他病房開刀的醫師，親自透過病房話筒打給我，他的聲音很溫暖，他要我安心，若真的害怕，不一定要今天開刀，可以擇日再開。就在那當下我整個心最脆弱時，忽然一個熟悉的身影浮上心頭。那是啟蒙我生命智慧的恩師——妙禪師父。

　　我是從30歲就開始修行，至今已經長達十多年。早先時候因為處在忙碌且難免有勾心鬥角的金融職場，有時會感到心情浮躁，甚至心中充滿怨懟、猜疑等雜念。經過朋友引薦，有緣接觸到這個由 妙禪師父帶領的修行場域，才讓我找到心中安定的力量。

　　那是種難以言說的力量，這世間一個人不論擁有多少權位、多少錢財，或者底下可以號召多少保鑣，也永遠都無法達到內心真正的安定。因為「心安心定」從來就不是來自外在的加持，而必須源自內心的自我察覺、自我認知。

　　感恩我的 師父教導我生命的真相，原來真正的自己是靈性，每一個流浪的靈性都渴望有明師引領回家。經過長年的修行，我已經從原本帶著點攻擊性的女強人，轉變成一個比較圓融、

有溫度的女主管，雖然從外表上看起來，人們說我還是帶著金融專業人士特有的精明幹練，但已經比更早些年收斂許多。

或許上天察覺到我的領悟依然不夠吧！於是才降下這一場災難，讓我「真正」覺醒，並看到過往從沒有看過的世間真相，以及人間百態。

包含我無意間知曉：「當我罹病時，曾經視為閨密的友人竟然背後對我說長道短，反倒以前互動沒那麼頻繁的朋友，患難見真情，在我生病期間有真正做到關懷。還有我感受到家人的愛，也真心懺悔過往有許多應做，但卻總是拖延的事務。」生病讓我看到，活在世間什麼才是真正珍貴的、什麼只是一種表象。

總之，我想到很多，那時心中想起 妙禪師父平日溫暖的言語，慈悲地說：「**要相信 師父，要心安心定， 師父定會護佑妳度過難關！**」

當下看著 師父慈悲的法相，我忽然心中充滿了安定跟喜樂，我真的感受到 師父的力量就在我身邊，我已經不再害怕。於是我請護理長轉達：「我不害怕了，我願意開刀。」

在麻藥即將生效前，醫師很溫暖地對我微笑著，我緩緩閉上眼睛，相信有 師父的護佑，安心沉入夢鄉。現在的我已是經過生命重新洗禮過的全新心婷，我很感恩開刀一切順利，我還是一個完整的女人。但我身上也有一些不一樣了。

我一如既往地專業，只是這個專業開始根基於一顆真正關懷他人的心；我一如既往地愛漂亮，卻也知道愛心、善良與親情才是世間真正的美。

我很喜歡現在的自己，因為真正的美麗，不是單靠亮眼的外貌與時尚的裝扮，而是源自於健康的身體，以及發自內心的善意。

今天，妳有好好對待妳自己及妳所愛的人嗎？妳有讓妳活著的每一天，都過得踏踏實實、精彩快樂嗎？在此真誠分享我的故事，是希望人生真正的寶物，妳不需要等到罹病或碰到重大挫折後才懂得。請妳珍惜人生，想做什麼，就從現在開始。

范心婷 給好姊妹的悄悄話

座右銘	聆聽自己內心的聲音，做自己真正想做的事，想做什麼就趕快去做！
活得漂亮的祕密武器	❶ 隨時懷抱感恩，不只是口頭上說「謝謝」，而是用心去感受別人對我的幫助與善意，到我能夠有今天的一切種種，背後有多少人的付出，多少因緣際會，才能成就我，因此我要衷心感恩。 ❷ 相信吸引力法則，是妳的信念影響妳的選擇，進而改變妳的際遇。唯有正向才能吸引正向的人，成就妳的好生活、好事業。 ❸ 永遠要懂得愛自己，如果妳自己都不愛自己，別人為何要愛妳呢？愛自己，也接受生活中的一切因緣，考驗往往是一種生命的禮物。因為那個經歷，妳才能更體悟人生，並展現生命更多的精彩。

認識更多范心婷

愛完美形象管理
事務所 IG

V Magiclub 薇
美姬名媛匯臉書

V Magiclub 薇
美姬名媛匯官網

用心感恩那些愛妳
以及妳愛過的人

晶鑽時尚美甲創辦人、國際美容評審

陳妤菲 （Momo）

她 13歲已離家打工，半工半讀，自力更生，在艱苦的社會打滾。在年少時期，還沒學歷、沒背景，為了在競爭激烈的職場拚出一條活路，她不眠不休考取美業證照開創事業，終於在美容產業有了如今受人敬重的地位。

正以為苦盡甘來，2018年一樁醫療疏失，卻讓她痛失愛兒，自己也從鬼門關撿回一條命。看 Momo 面對命運的玩笑，如何再次展現她的強烈求生意志！

\來點甜頭/
Give Me Some Sweetness

熔岩巧克力蛋糕

這是一道法式甜點，外硬內軟，甚至有個別名叫做「心太軟」，就好像我給人的感覺，好像個性很強，平常也冷若冰霜。但其實我內心很柔軟，我希望我可以帶給人溫暖，在專業上幫助人成功圓夢。

RESUME 簡歷

現任 incumbent

❀ M.D 形象管理美學創辦人

經歷 experience

❀ TNA.及TNL.美甲美睫紋繡講師、
　評審

❀ 嬌資國際造型補習班講師

❀ CIP國際美甲師評審

❀ PEA.國際美業創業評審

❀ 東森電商總監

專長 expertise

❀ 具備十九年的美甲、美睫、
　紋繡專業知識與經驗，長期
　擔任授課講師，以及證照、
　比賽評審委員。

我是個不服輸的人，或許個性太過剛硬，不輕易跟現實的委屈不平妥協，總要跟體制對抗，因此從小我就走上一條比一般少女更艱辛的路。在其他孩子還在跟父、母親撒嬌的年紀，我已經穿起工作服，靠著很低的薪資自力更生，在餐飲市場打拚人生。

莎士比亞的名言：「性格決定命運」，我從少女時代一路走來顛簸刻苦的生涯路，源自我自己的選擇，我沒有後悔，更不會怨怪任何人。

但在內心深處，長年困惑著我的，是一種對自己人生定位的迷失，這讓我在與人相處時，總是缺乏自信，並常退回自己獨處的角落。

當我和家人對抗、和學校對抗，在最黃金的成長學習年代，一個人過早踏上職場，這是一種勇敢冒險？還是一種任性地逃離？

 ## 個性強硬的叛逆少女

我生長在一個單親家庭，由父親照養三個孩子。如果是在現代，離婚率高已是社會常態，但在我小時候，父、母親離異算比較罕見，這對孩子成長多少帶來陰影。而我的提早進入叛逆期，多少也跟家中少了母親，也就少了一個柔性的溝通管道有關。

幼年時，在父親嚴格教養下成長，必須說父親當然愛我們，只是他的教育方式不是我可以接受的，他扮演嚴父，卻無法兼顧慈母的角色。他太過一板一眼的權威式管教，加上對於經濟

的掌控，使我每天只有一百五十元的生活費，包含我和弟弟的餐費及日常零用，這讓我自小就處在匱乏中，也燃起了我年紀稍大一點後，想要自力更生的企圖。

錢不夠怎麼辦？學生就只能靠打工，可是我還只是個國中生啊！離可以光明正大當打工族的 18 歲，還有好幾年時間。但一個突發事件改變了一切。

國一那年的冬季，因為天氣太冷，我在學校制服內，加穿一件高領毛衣，在當年國中仍有嚴格的髮禁及服裝規定，我這樣的穿著竟然就違反校規。為此我被老師叫起來指責，違規被罵我沒話說，但讓我感到氣憤的是，老師竟然在全班面前說我是個有傷風化的女人。

難道只因為天冷，多穿衣服，就要在眾人面前，接受這樣有傷人格的侮辱嗎？別的學生或許可以忍氣吞聲，事後還要接受同學的嘲弄霸凌。但個性剛硬的我，當天就做出極端選擇，從那天起就不去學校上課，並很快就在家附近的夜市，找到泡沫紅茶店的工作。這件事當天我沒跟家人說，每天照常出門，但沒去學校而是去工作，直到好幾天我都沒去上課，學校追蹤到家裡，父親才知道。

但知道又怎樣？我沒在怕，不管家人跟學校怎樣勸解都沒用，我說不上課就不上課。校方大概怕事情鬧大，畢竟九年義務教育是國家的規定，而老師講話侮辱人也是事實，就算老師道歉或要我轉班，我都不接受。最終的決定，我成為一個特例，改為在夜間成人教室班上課，也就是我的「同學」都是小時候無法上學，等成年後工作之餘再來進修的叔叔、阿姨，甚至阿公、阿嬤們，我就是在這樣的「班級」念書，是全班不折不扣年紀最小的學生，就這樣念完三年，並取得畢業證書。

這是我進入職場的源頭，念夜間成人班時，我就已經持續白天在泡沫紅茶店打工，因為未成年，所以只能在廚房內場幫忙，無法公開招呼客人。到此雖然已經被視為「怪」小孩，可是還不至於太叛逆。

後來跟家人爆發衝突，進而離家出走，源自於一次溝通的問題：「喜歡權威式教育的父親，自己孩子國中就半工半讀，這讓他心裡感到受傷，幾乎三天兩頭就對我責罵、講難聽重話，那回只因白天他打 BB CALL 找我，但我遲遲沒回電，晚上下課回家後，他整個發飆，竟然拿起藤條打我，從小父親雖嚴厲，可是至少沒有對孩子體罰，那回他打我，激發我內心不服輸的怒氣，當下我不但用全身力量狠嗆回去，且當晚就離家出走。」

某個角度來說，從那天出走後，我就真的離「家」了。那晚我真的就搬去朋友家借住，再之後則投入職場，不論住朋友家也好，或者自己租屋也好，後來回去我都是以「女兒回家探視」的身分，而不再是「回自己家」的身分。

一夜之間，我被迫成長，那年我才 13 歲。

 ## 我和父親的互動

其實我知道父親還是愛我們的，就如同他也知道，我這孩子雖然如此不受教，就真的一去不回頭地離開家，但在心中，我依然心繫著家人。

只是父親的嘴硬，我的性情更是剛烈，永不會認輸低頭。雙方都不可能跟對方道歉，但最終我們逐步以不同的方式化解。

我離家時，父親對我也沒在客氣，妳敢離家是嗎？那我真的把門鎖起來，包括我們家所在的樓梯間有個柵欄鐵門，也都上閂。

　　可是我依然能三天兩頭，今天回家拿件衣服，明天回去跟弟弟聊聊天。如今想來，那當然是父親故意留下的「疏忽」，當時鐵門雖閂起來，但其實伸手進去撈一下，還是可以抓到拉把；家裡買了水果，也總是沒有吃完，似乎還是留有屬於我的那份。

　　兩個一輩子不向對方低頭的父女，就這樣一個每晚「偷偷」回家，一個都剛好沒看見，一、兩年後，我已經年紀更大，在外自力更生很久了，也就習慣性地三天兩頭回家，我會像出嫁後的女兒回娘家般，帶著禮盒跟姊弟聊天，跟父親揮揮手「問候」。甚至經常性地接到姊姊來電，說家裡剛好又有新買的水果「吃不完」，要不要回來幫忙吃？但她言語間都透露是父親想我回家而打給我。

　　然後我回家，父女見面，父親又會露出「喔！妳今天剛好有空來喔？」的表情，繼續裝傻。這就是我和家人的互動方式，也是家人順應我的叛逆個性，既能放任我走不同於一般正常青少女的道路，又能繼續知曉我人還平安的方式。

　　長大的過程中，我一直在想著所謂親子的角色，這世間有種種的感情，有的是天生的血脈連結，無論個性合不合，反正一輩子都注定是親人；也有本是天涯不相干的兩個人，後來結合成終身扶持的關係。

　　夫妻相處是門學問，小小年紀的我無法理解父、母親當年為何離異？就連我自己後來經歷了戀愛與婚姻，至今依然思索著人與人交流是怎樣的緣分與牽絆？

親子關係無法切斷，在我人生中，母親扮演另一種照顧女兒的角色，當我「離家出走」後，在許多關鍵時刻，母親就會出現，例如，還未成年的我，甚至還不能銀行開戶也不能租屋，這都有賴母親及很多義氣相挺，比我年紀稍長的大姊姊幫忙。我人生第一支手機就是母親給我的。

記得小時候我還沒離家前，母親雖沒跟我們一起住，並且父親好像真的對她生氣，完全不准我們跟母親見面，但我們總還是每月不時會跟母親見見面，吃飯聚會等等。我們三個小孩從小就很會演戲，例如，家裡電話響，姊姊接起後，她知道是母親打來，卻故意用跟同學聊天的語氣講話，之後若無其事地跟父親說，是她同學打來問功課的事。

接著姊姊就偷偷跟我和弟弟說，母親有約明晚在哪見面，到了見面那天，我們三姊弟也刻意地找理由分別出門，好比姊姊先說她要去同學家，不久後我也藉故說要出門買東西，最後是弟弟說有事要出門，但其實三個人都是要去和母親會合。

如今回想起來，父親真的那麼笨，完全被三個小孩蒙在鼓裡嗎？直到父親過世前，我們都無法知道當年的真相。但我心裡其實知道，那個嘴裡總是罵罵咧咧的父親，可能一邊罵一邊轉身說著：「孩子，妳出門要小心啊！」

 ## 早餐店裡的開朗女孩

不論如何，我當年的確是個不愛念書的少女。我很慶幸，在那樣的年紀我沒有交上壞朋友，沒有染上不良惡習，我頂多就是個太愛賺錢的小孩。

我很幸運，遇上的大部分是貴人，如今，我依然深深感恩，在我疲累想要找個地方休息時，總有朋友無條件地讓我入住；當我需要資源時，不論找工作或之後需要認識客戶，也總有朋友即時地給我支援。

我國中畢業後，還有繼續升學念高中，也是念夜間部。其實我從國中時期，一旦已經開始工作，要我回去再當學生已經沒那個心，之所以能念到高中畢業，要感恩自己的姊姊。

在我家，除了父親講話很難聽外，另一個也很愛叨念我的就是姊姊。她一直叨念我為何不好好念書？要知道，若沒有文憑，出社會看不到前途。

當年我也算「入社會」了，我知曉文憑很重要，但我畢竟已經不太可能當個乖乖求學念書的學生，因此我後來用另一種方式加強自己，就是我不斷地磨練自己專業，取得各種證照，這讓我可以證明自己有一技之長，也等於是另一種形式的文憑。

不過我開始認真規劃自己生涯，已經是20多歲後的事，10幾歲時，我畢竟年紀還小，思想不成熟，一心只想賺錢，偏偏身為打工族，只能當廉價勞工，頂多只能負擔自己的學費及生活，連存錢都不容易。

那時我在早餐店工作，每天的生活作息是：「一早三、四點就起床，五點進早餐店上工，招呼客人忙到中午、下午是休息時間、晚上去夜間部上課。」後來我遇到當時的男友，變成白天我在早餐店工作，下午有空就去男友家的自助餐店幫忙。早餐店收入不多，只有一萬多元，自助餐店那邊更只是幫忙，不過男友父親每個月會給我幾千元的補貼，讓我當零用錢。

對我來說，賺錢雖然重要，但10幾歲的我，最重視的是被

肯定的感覺，當時早餐店裡，我大部分時候一個人就可以搞定，我是個煎台高手，並且也跟客人都互動良好，大家都很喜歡我。就想像一個可愛少女，每天親切地說：「李伯伯今天又來了，一樣是漢堡加蛋嗎？」、「陳阿姨早安，今天要換點些什麼呢？」

因此店務興隆，早餐店老闆大發利市，乃至於他準備開分店，且他決定讓我獨當一面，真的擔任一個店長。這是人生的一個機會，但我猶豫了。最終我選擇放棄這樣的機會，因為老闆的話反倒讓我思考，人生真的要一直這樣嗎？

 ## 遇見生命中的貴人

這裡我要感謝我人生的另一對貴人，也是我的另一種家人，他們是我當時男友的父、母親。

如果人生平平順順走，那我應該就順理成章，會成為他們家的好媳婦，畢竟，從16、17歲認識男友，後來住到他家，我也叫他們爸媽，我等同是他們看著長大的女兒，在我25歲前都還是一家人關係。

直到後來發生與男友感情生變的遺憾，但無論如何，男友母親說：「沒關係，Momo妳無緣當我的媳婦兒，但妳依然終身是我們疼愛的女兒。」至今，我都還是將他們當成自己的長輩般孝敬著。

在我離開早餐店後，也正是高中畢業，不知道未來該何去何從的年紀，剛好男友家除了自助餐店外，有個機緣頂下一家火鍋店，就邀我去負責這個新的事業。

那算是我人生第一次當家做主經營一個事業體，當時我真的是全天候操忙，常常清晨就要去魚市場買貨，開店後先忙午餐那一檔，下午也不得閒，接著忙晚上那一檔，等到收店後都已經夜深，回家小睡不久後，就要起床面對新的一天。然而可以這樣自己當老闆，我還是很興奮，天天都很開心地工作。

　　只是每當夜深人靜，我帶著一身疲憊回家，不免還是會想著，我這樣未滿20歲的女孩，每天就是早晚與廚房油煙為伍，這工作不需要裝扮，油膩的環境也不適合美妝，可是我本人是個愛漂亮的女孩啊！我的青春就要這樣度過嗎？

　　改變我生涯的重要關鍵，在於愛美的我，難免有空還是會想去美髮、美甲等等，某一次我去做水晶美甲，邊看著雙手Bling Bling的指甲，邊心疼著，好貴啊！一次要四、五千元，我的薪水都去掉一大半了。

**　　有天就忽然想到，做美甲？我自己來就好，何必要再花這個錢？**

　　這就是我後來投入美甲業的初始心境，當年並沒有想要靠這賺錢，就純粹是一個女孩想要讓自己變美而已。但命運的安排，讓我因為愛美，進而投入這個領域，後來成為一個專業美甲師，而一切的轉變，來白於新的學習。

 ## 我如何進入美甲產業

　　那年我為了讓自己漂亮，我心想：「如果做餐飲免不了油頭垢面，那至少就讓指甲美美的，這總可以吧？」

　　我去私人教室拜師學藝，這時，我再次展現不服輸的個性。

一般人學美甲，大致要花半年時間，而像我這樣平日要工作，只有排休時才有空上課的人，基本上會被認為應該只是玩票性質。可是我非常認真投入，每天工作下班後已經很晚，我依然憑著意志力，繼續通宵練美甲，且經常為了練習，整夜不睡。

　　讓老師非常驚訝地，我大約上課一個月後，手藝已經讓人刮目相看，於是老師說我可以開始試著幫客戶做做看，教室也就配合我休假的時間，讓我開始接一些簡單的指甲保養客戶。

　　做著、做著，我發現我真的非常熱愛這樣的工作，因為我自己愛美，也非常能將心比心，感受到如何讓客戶變美。

　　終於有一天，我跟男友家人說，火鍋店工作太累了，我想休息從事其他工作，也感恩男友家人體諒，他們不但願意讓我轉型去做美甲，且男友的母親還成為我最熱心的推銷員。

　　我超感恩她在我初出茅廬，還是個生嫩不太有經驗的美甲師時，就願意四處幫我宣傳，在不同社團分享「自家女兒是個美甲師喔！歡迎來體驗。」且她還親自帶著我，有時開車，有時騎車，在大台北地區穿街過巷，拎著美甲行李工具箱四處「趴趴走」，去到母親一個個姊妹淘家，幫她們做指甲。

　　一開始我只是感恩大家給我一個可以練習的機會，不跟她們收費，隨著經驗越來越豐富，她們也都主動要付我酬勞。

　　我總是感激地說：「謝謝大家給我的肯定」，內心裡，我真心地感受到，我被當成一個「有能力」的人，遠比每一趟出門可以賺多少錢重要。

　　此時，我也才知道，原來我是如此自卑，我很需要來自外在的肯定。

因此我從20歲開始，找到人生想要從事的終身志向，我要當一個讓女人變美的專業人士，且從那年開始，我不斷累積各種學習經驗，直到後來與好友創業，也持續不斷地學習精進，至今已考取的各種證照，包含國家認證的TNA美甲、TNL紋繡、美睫的所有級別證照，也擔任過美甲、美睫、紋繡的國際評審。

這一切都源於20歲那年，我在美甲的世界看到未來這樣一條康莊大道。

 ## 在傷痛後創立事業

人生除了工作外，還有其他的領域，包含家庭、人際等，而我必須說，在其他領域，我是有缺憾的。

原生家庭不必說，我是13歲就離家的叛逆小孩，平常日子裡，我也是一個反差很大的女孩，例如，我在工作場域，可以和客戶打成一片，看似亮麗陽光，但一離開職域，我卻完全「冷」了下來，除了男友及家人，我沒什麼社交，男友的朋友就是我少數的朋友。

多數時候，我就是靜靜一個人不想跟誰講話，我強烈缺乏自信，甚至連去超商買東西，都不敢直視店員眼睛。

到了25歲更是發生了讓我始料不及的情變，個性剛烈的我，無法容下任何的感情不忠，便再次選擇逃出男友家。

原本我已經逐漸在工作中找到自信，那是過往純粹想要賺錢時沒有的感覺，並且隨著我很有步驟地，循序漸進一個個考上不同的證照，我越來越肯定自己。

才20歲上下的我，擔任行動美甲師，拉著行李箱四處跑客戶做美甲，那時環境經常很不舒適，畢竟在普通民家，不會有美容用的躺椅等設備，我有時必須坐在地上幫躺在床上的客戶做美甲，一坐就是3、4小時，坐得腰酸背痛，但因為熱愛這份工作，我甘之如飴。

　　幾年間，我美甲功力已經更加得心應手，事實上，我已經是可以參賽的職業級美甲師。記得我親外公過世那年，我白天剛參加一個美甲比賽得了冠軍，賽後匆匆趕去醫院看外公，那天我邊哭邊跟外公說：「你看，孫女很為家族爭氣，我有得冠軍喔！」外公當時神智還算清醒，對著我微笑表示嘉許，當天午夜就不幸離開人世。而我也告訴自己，要讓自己在美甲領域更加精進，要成為家族裡令人感到驕傲的存在。

　　遭遇情變那年，我本來正準備參加一個國際比賽，原本用情甚深的我，因為心力交瘁，甚至整個人覺得失去人生方向，後來比賽狀態也嚴重失常。

　　感恩當時願意接納我的好友，也是我日後一起創業的好夥伴布丁，她在我碰到困境時接納我，讓我無條件在她家住了兩、三個月，並且從不說什麼無意義的客套話安慰我。當我難過時，她的肩膀讓我靠；當我想一個人靜一靜時，她也從不打擾我。

　　一直以來我都是獨自創業，她的信任與支持，讓我逐漸找回人生的活力。27歲那年，有個機緣出現，在台北東區有店面要招租，地點非常適合，價格也還合理，當時我和布丁一起去談判簽約，這就是晶鑽時尚美甲的創立。從那時到現在，我們兩人彼此信任，從不吵架，我放心由她來打理財務，自己做經營管理及教育培訓。創業十年以來，我們用心服務客人，有口皆碑。

我，還在學習

在事業正處高峰時期，上天突然賜給我另一個身分，我意外發現自己懷孕了，升級為母親的角色。我開始以另一種思維，來想像父、母親與孩子的關係。

2013年8月我父親過世，在喪禮後我逐步跟平常較少互動的一些父輩親族見面，透過聊天，我才知曉一些父親生前的事。

原來平常看似不苟言笑、對我很少好臉色的父親，私底下卻是我的忠實粉絲，姑姑說，父親很愛在家族中「炫耀」他有個好女兒，雖然讀書這方面比較不行，卻是個很有能力的美甲師喔！每次我得到冠軍，印象中父親沒對我說什麼，他卻總跟別人說我這個女兒，是多麼有本事。

我看著父親的遺照，邊哭邊苦笑，或許我遺傳著某些父親的倔強，有些事就是死鴨子嘴硬不說。我把煩惱悶在心底，然後又不敢認真面對自己，某些方面我跟父親一樣，他藉由工作逃避離婚的傷痛，也不知道怎樣當個單親爸爸；而我何嘗不是？永遠藉由工作逃避種種的人際關係，我把自己全身的力氣都用在工作上，彷彿每天跟客戶互動已經耗盡我的能量，因此一離開辦公室，我就封閉自己。

2018年，發生了影響我一生的重大打擊，那年我生育第二胎，原本想採取自然產的方式，在家附近的婦產科生產，如今我後悔當年沒有選擇去大醫院，結果碰到遺憾終身的悲劇。

那件事太難過，我無法描述細節，總之最終我不但失去了我的孩子，就連自己也是從瀕死中被救回。我失去了一個腎臟，並且我的身體有著一輩子無法復原的永久性傷害。

我無法接受這樣的打擊和傷害，即使花了很長一段時間也很難走出來，包括後續進行的醫療糾紛官司，都讓我心力交瘁。

　　最絕望時，我會這樣想：「我的人生為何會這樣？總是如此努力，但成就感的獲得卻那麼難？10幾歲時，不想被父親掌控，我逃離了。後來以為遇上終身伴侶，卻也不幸遇到背叛，讓我青春夢碎，職場上從餐飲業歷練到美甲業，一路也是付出多少心血，好不容易累積了一點點實力，有著獎項的光環，但私底下我依然沒有很開心。我的內心總有個陰影，我總是無法肯定自己，而現在命運之神又拿走我的孩子。為什麼？這到底是為什麼？」

　　其實，我也還在思考著。對本書讀者，我想說的是，人生本就沒有標準答案。

　　但我只能說，這一路走來，我看到許多人與人間互動的情誼：「有生妳、養妳的親人，表面上不苟言笑，其實內心很愛妳；有看似無緣的長輩，後來沒能成為他們媳婦，卻疼我像自己女兒；有信誓旦旦說要守護妳周全，後來卻成為傷妳最深的人；也有跟你沒有親緣關係，但妳知道就算妳把性命般的事交付，妳也絕對放心的人。」總之，人生是一門學問，我必須說我也還在學習。

　　如今，我逐漸走出傷痛，我還有一個孩子，我必須對他負責，我還有我的許多客戶，我要用我的專業，提供最好的服務，還有對許許多多跟從前的我一樣想追夢的人，我會問妳們：「真的熱愛美業這個行業嗎？」

　　許下承諾，這是一條無怨無悔的不歸路。妳，願意對自己負責嗎？當妳學會面對自己，然後，路才可以繼續走下去。現在的我，更加努力為了孩子，以及自己翻轉人生，沒有非得一定要靠另一半才能將人生過得好，人生掌握在自己手上，怎麼

翻轉，怎麼操控由自己做決定。能讓妳變強的，永遠是那段生不如死的時光，撕碎然後重組。若未曾與惡魔親近，永遠無法成為天使。每個優秀的人背後，都有一段至暗的時光，沒從地獄裡走過一遭的人，是不會真正強大的。

陳好菲給好姊妹的悄悄話

座右銘	黑暗盡頭，總有黎明的光！
活得漂亮的祕密武器	❶ 如果別人說什麼，妳就這樣做，那人生就受制於人。我經常做出跌破別人眼鏡的事，別人說妳不可能考上證照，我考上了，我後來取得多樣的證照，過程也都是化不可能為可能。 ❷ 溝通是人世間最難的事，因為不同的人有不同的個性，我們無法保證可以正確對焦在對的互動頻率。無論如何，一個不變的基本原則，就是妳要忠於自己，誠信對待他人。 ❸ 為了不要讓人生後悔，當我們做一件事情時，最好要保有十萬分的熱情，妳是真正喜歡那件事，甚至若沒有酬勞也願意做。有足夠的熱情，後面的路才會走得長遠。

認識更多陳好菲

M.D 晶鑽形象
管理美學美甲、
美睫、紋繡
LINE@

M.D 晶鑽美甲、
美睫、紋繡 IG

個人 IG

最好的禮物
往往在黑暗的最深處。

- CHAPTER 003 -

職場篇

Workplace

從無到有，歸零再重來。
原來成功，是因為失敗夠多！

成功，請從馬上行動開始！

團霸兔事業集團創辦人
陳小鈺

誰會想到一個沒上過班、連臉書沒有的三寶媽，28歲面臨失婚被淨身出戶，四年後竟成為北台灣最大網路團購平台創辦人，旗下已有二十二家分店，年營業額破億！

自創品牌系列產品也被各大網紅熱力推薦，熱賣暢銷！到底她是怎麼做到的？

本篇我們來看看一個平凡沒資源的家庭主婦，如何躍升成為走在趨勢尖端團購女王的真實故事。

波士頓派

外表柔軟，看來普通，但是當用料好，吃起來就是不一樣。那種清爽不膩的感覺，正如她外表親和但不甘平凡，努力為自己加分，便能創造高質感。

RESUME 簡歷

現任 incumbent

- ❀ 宇業國際行銷有限公司執行長
- ❀ 女王批發團隊創辦人
- ❀ 團霸兔零售業創辦人

經歷 experience

- ❀ 宇業國際行銷有限公司執行長
- ❀ 女王批發團隊創辦人
- ❀ 團霸兔零售業創辦人
- ❀ 易鼎火鍋店共同負責人
- ❀ 全職家庭主婦

專長 expertise

- ❀ 逾十年行銷、團購經驗，旗下擁有約三千位團購主與多達三十家分店。
- ❀ 富高度創造力、專注力與執行力，擅長快速整合資源成就各項專案，打造成功的複合創業商業模式。

在人人滑手機的時代，上網 Shopping 已經是國民運動，或許妳也曾買過我的商品。

只要在網路搜尋欄位 key 上「鈺女王」三個字，一下子就出現超多網紅熱情推薦，包含爆餡多汁的水餃、香噴噴的香酥雞、新鮮花椰菜、花枝蝦排等生鮮自有品牌食品，並且還有洗髮精、沐浴乳，以及疫情期間家家戶戶必備的保養潔淨商品等等。「鈺女王」就是我創立的品牌。

能夠銷售那麼多品項，背後當然有一套專業的機制，我們有倉儲、有配送體系、有商品研發團隊……等等，也就是有一個嚴謹運作的企業，經營的品項達數千種，並且我旗下有多家公司，每日要和上萬人互動。

也許有人認為能夠創立這樣事業的女子，應該是背後有金援的富二代或貴婦，不然就是商場打滾多年的資深戰將，後來獨立出來創業。然而其實以上皆非，公司創立那年，我未滿30歲、失婚、名下零資產，並且過往主要資歷就是當家庭主婦。

在台灣有無數仍在生涯路上掙扎的人，我希望以下我的故事及企業模式，可以幫助他們，特別是針對弱勢族群，例如，中年失業者及失婚女性。我希望不僅僅是透過親身經驗分享鼓舞這些人，並能透過真正落實的商業合作模式，帶領想要加入團隊的人一起改善生活。

 ## 成功植基於行動力

「執行力永遠是關鍵！」

這是我經常在培訓場合講的話，我總是告訴學員，我自己

本身沒有特別學歷、專長，在創立這個事業前，幾乎無職場經歷，如果要我列出事業後來能夠成長快速的根本，其實就是這一點！

當大家還在開會、還在構思討論、一切還在腦中運轉時，我就已經在行動了。因此若問我為什麼會成功？答案是：「做就對了！」

做就對了，但要怎麼做？如果總要依賴別人指導，或總要分析得面面俱到才能行動，那麼不是緩不濟急，就是只能成為一個追隨者。

我事業發展的關鍵之一，就是「從零開始」自己想出一套突破現況的方法。最典型的例子，就是2015年，我從一個原本不太懂網路的家庭主婦，後來自學懂得如何透過LINE群組建立粉絲團，以及成為可以在平台上常態發布訊息介紹商品的版主，那時在沒有前例可循下，我想出一個能讓商品帶給粉絲印象的方法：「透過影片」。

那年代尚未流行網路直播，臉書影視功能也未臻完備，更沒有什麼「網紅」、「直播主」這類的名詞。當時我也不是站在行銷觀點，而純粹只是想讓大家更清楚到底怎樣使用商品？因此就請自己的弟弟、妹妹幫忙，拍攝版主小鈺，也就是我本人怎樣使用菜刀？怎樣烹煮食材？等等的影片。

每支片長雖只有短短幾分鐘，卻很快地帶來兩大效果：「第一是讓群組朋友真正知道商品的模樣及操作方法，第二就是讓大家更認識『小鈺』這個人。」

後來隨著臉書的直播功能普及，我將預錄影片改成現場直播叫賣，同時自稱「鈺女王」，我刻意塑造親和自然的風格，這樣的特質吸引一票粉絲，並帶動商品銷售。

團霸兔的成功，不只是因為搭上趨勢，而是一有想法就付諸行動的工作習慣，從單純直播主到後來企業化達到億萬營收，每個環節都是從無到有，哪怕無人做過、還不成熟，但唯有勇敢嘗試、挑戰過往未有的模式，才能開創出事業的新藍海。

以上所說的創業歷程，可不是在什麼時髦的青創辦公室，也沒有辦公桌，家裡就是我的辦公室兼倉庫。

那時拍影片就是克難地找個房間，在雜亂中清出一個角落，我就只是穿著普通的家居服，就這麼對著鏡頭，邊拿商品說明，邊開始「自言自語」起來。

當然，那時也沒有任何的營運團隊，我一人校長兼撞鐘。身為育有三個孩子的家庭主婦，最小的孩子還在襁褓間，因此當我從事網路團購時，真的是典型的團「媽」，可能邊餵孩子喝奶，邊要回覆網友留言；上一分鐘才和工廠通話，下一分鐘就趕忙去廚房煮飯炒菜給一家老小。我穿著拖鞋，手上有時還拿著抹布，家事及網購事業兼顧。

儘管忙碌刻苦，我仍堅信自己可以走出想要的路，因為我總是相信，萬事起頭難，但從無到有，一定可以做到！所以不論妳現在處在什麼狀況：「沒錢、沒經驗、沒人支持……等」，都沒關係，只要心裡有個夢想，願意踏出第一步去嘗試，就一定可以做出一番事業！

如同前面所描述，我原本只是家庭主婦，後來婚姻離異，當年因為要淨身出戶，不僅沒和前夫要求任何財產，甚至連自己買的汽車，都留給前夫，真正地站在一無所有中自力更生，並且我依然要負擔撫養小孩的經濟責任。

在這樣的背景下，我是如何白手起家創立事業呢？故事要再次回到 2015 年。

初步的網購嘗試

如果沒有遭遇到後來的婚變，也許我就會一直是個平凡的人妻人母。大學念的雖是商學院，但我這一生沒有當過上班族，更沒想過要創業，只在畢業後曾經去房地產業當過一年多沒底薪的仲介。才20歲出頭就嫁入家裡有自己工廠的夫家，最初的人生規劃就是當個賢妻良母，行有餘力，則要幫助先生拓展家族事業。

前夫家是做火鍋料等食材生意，後來斜槓開了家火鍋店，但本業依然是食材貿易，至於店務則是夫妻輪班，主力週一到週五是我負責，週六、日則換先生當班。

餐飲業利潤微薄，卻工作繁重，我既要顧孩子又要管理店面，蠟燭兩頭燒。因為要節省人力開支，火鍋店就我和先生輪班經營，導致雙方幾乎無法見面，即使難得有空相聚，也因為疲累一整天，無力經營家庭關係，最後終於漸行漸遠。

但沒想到，因為這家火鍋店的經營，讓我奠定日後團購王國的種子。有回用餐時間，一個常客跟我聊得愉快，隨口說：「妳家火鍋那麼好吃，何不上網宣傳？」

我聽了覺得也對，聽說大家都在上網，我也來學學看。於是，為了宣傳火鍋店，我原本連臉書都沒有，那時開始設立帳號，從零開始學習經營臉書，包含如何寫文案、放照片、吸引來客等。

再之後，又有來客建議：「妳們的東西不錯，可以上網賣火鍋料啊！」我心想也對，自家的優勢就是工廠自營，可以最低成本取貨，於是馬上開始接洽各種網路團購平台，讓自家的火鍋料上架。

因為一心想幫助家中經濟做貢獻，我傻傻地做，碰到狀況就努力排解，透過不斷嘗試、快速調整，漸漸地竟做出一定的口碑。

然而當時日子不快樂，因為我雖一心一意為提升夫家事業付出，但在重男輕女的保守家族裡，我的努力不但沒有得到肯定，還被認為是「不務正業」，被指責沒有照顧家庭，加上團購事業剛起步，利潤不豐，冷凍料尚有不少庫存，有時會被譏稱賺來的錢連付冰箱電費都不夠。因為這些聲音，讓我開始認真思考：「是要繼續這樣『不無小補』協助家裡賣東西？還是可以把銷售做出一個新境界？」

這讓我陷入掙扎，該不該跳出原本的舒適圈？畢竟身為人妻，夫家環境也不錯，生活家用本都有固定，何必自找麻煩攬上吃力不討好的忙碌？終於，我還是選擇在眾人不看好下，做了突破：「我開始不僅僅銷售自家的火鍋料，也主動去開發其他商品，在自己的群組銷售。」

那時我已有自己的 LINE 團購社群平台，也累積了上百位基本的老客戶，既然通路和客群都有了，那就來賣更多商品吧！

於是在非用餐時間的店務空檔，我就會上網尋找有商機的品項，主要就是團購群內家庭主婦們會需要的東西，例如，鍋碗瓢盆、生活百貨、廚房用品等，一找到好商品，就想方設法找到供應商電話，以陌生開發方式，一家家聯繫。

由於自家火鍋店是個實體店面，因此很多供應商親自來店裡看，覺得確實有這樣據點在運作，也看見我本人是個親切沒有心機的女孩，於是逐一和我建立銷售合作。

就這樣，我從一個單純的火鍋料銷售供應商，進化為一個

可以提供多樣商品的團購平台主。隨著品項增加，也累積一定的熟客，讓自己多了收入。剛開始只是零用錢，越做越大，竟變成可以維生的收入。

 第二次轉型

現在回想起事業發展，如何像蓋大樓般步步高升？那過程會有幾個轉折，不可能一步登天，但每個更上層樓的轉折背後，都有個「關鍵」的突破點。

許多人都很好奇，我的聰明才智可能和大家相當、資源甚至不如很多人，但我如何從一個完全歸零的背景，在六、七年間，事業就從無到有，且營業額及獲利成長百倍？

原因就在於當碰到突破點時，有的人因安於現狀，沒有察覺必須轉型改變，於是格局受限，甚至後來被市場淘汰；有的人則碰到瓶頸不知該怎麼突破，轉型沒成功，於是事業無力往後發展。

回想自己的創業，每次碰到轉折點，都經歷過相當的考驗，有時候過程相當痛苦，就連我自認很樂天開朗，都曾經因此一個人躲在廁所悶著頭痛哭。

那年我經營自己的小型團購平台，已經算有些小小成就了，當時尚沒有公司行號，只是個在家斜槓的家庭主婦，這樣的日子經歷兩、三年，直到2019年離婚，孑然一身只能回娘家安身，是因為生活現實讓我思考必須有更大突破。

一方面內心想著：「不要讓人看輕自己，不要讓人以為一個女人不靠先生就什麼都不是」，就在那年做了新的突破，嚴格來

說這才是我正式創業的開始，之前比較像兼差打工性質，現在決心創業，我決定讓自己不只是一個團媽，而要當「團媽的團媽」，也就是從零售商轉型為批發商。

離婚後，我決心把事業做大。剛好那時因為這些年的團購，認識了一些供應商好友，其中一位後來成為我長期的創業夥伴，林雅雯小姐，雅雯因為本身長期工作建立的人脈，認識很多供應商，海內外都有，可以讓公司有更多貨源。我自己則開發及業務二者並行，於是試著去串連其他跟我原本屬性一樣的團媽，先在團購網等平台找出這些人，邀約她們加入我的群組，我所提出的誘因是對方可以做到更多元的貨品供應。

對團媽們來說，她們都有既定客群，最大的需求就是擁有更多貨源，而我提出的優勢剛好可以滿足她們的需求，於是她們就一個個加入。

原本團媽和團媽彼此間應該是有競爭關係的，但我有足夠的親和力，讓這些團媽不但願意加入旗下，並且還願意主動介紹其他團購主給我。就這樣，短時間內這個轉型，讓我的事業營收成長百倍。

具體來說，就是本來只經營自己群組大約一百多人，現在匯聚了超過一百個（後來逐步成長到超過四百個）像我這般原本的團媽，這樣等於是我每上架一個商品，可以觸及到上萬個消費者（100x100的概念）。這個轉型後來讓我做到最起碼的經濟自立，在那時我的月收入（營業收入扣掉成本的淨利）已經可以達十萬。

原本這樣就算可以自給自足了，但我沒有因此滿足於現狀，那時我做了一個真正讓事業提升的轉型，決心讓自己由服務固定客群的批發商，轉型為在團購市場中有影響力的中盤商。

第三次轉型

如果永遠照著昨天成功的模式做事，未來終將遭遇兩大問題，這也是許多原本經營有聲有色的企業，後來事業卻失敗沒落的主因，一個是競爭者後來居上，一個是大環境改變帶來消費習慣的改變。

剛開始投入團購那年，台灣從事團購的人並不多，以我主力經營的地盤新北蘆洲來說，在地團購主大約只有兩、三位，但到了2019年，團購商業模式已經遍地開花，並且伴隨著各種社群模式，到處都是強勢競爭者，我若安於現狀，可能沒多久，客群就會逐漸流失，原本以為可以維生的收入，也會逐漸消減變成一種生計危機。

一開始我就沒有想要選擇安逸模式，其實當初不是為了想賺大錢，而只是想帶給團購會員更多的福利，因此我決定要充分發揮「數大」的力量，既然我擁有那麼多客群，也就是我有一定談判優勢，那是不是可以跟上游談更好的供貨條件？但這背後有相當風險，過往我的銷售模式其實很安全，我就是先收單再下單，自己不需要有囤貨及資金壓力。

決定轉型後，我必須要與時間競爭，並取得真正的銷售優勢，也就是當別的賣家一個商品下單後，可能要一、兩個禮拜才出貨，我的團購要做到：「客戶今天下單，兩、三天就可收到貨。」要能做到這樣的服務規模，就必須轉型為中盤商。

記得第一場賭注，是買一批擴香瓶。說這是賭注，是因為這次交易，我把這幾年團購累積的儲蓄約三十萬全部投入，如果估算錯誤，這些擴香瓶銷路不好，我的事業可能就會中斷。

當然後來這樣的投資，也是植基於自己的商業判斷，而非隨機賭運氣，這有賴商業敏感度，且這要感謝我的母親。

我的母親是個活潑、外向很有業務特質的女子，在我成長過程中，見證過母親從事各式各樣生意，母親曾經自己批貨在市場擺攤，透過對著路人叫賣的形式賣東西。我從小跟著母親耳濡目染，有一定的市場嗅覺，那回我就是「直覺」這個擴香瓶有市場，把三十萬存款全部投入買貨，最終成功，之後繼續以這樣的模式不斷開發新產品，此後既穩定住了自己的客群，也逐漸累積公司的資金。

從那次轉型後，辦公室也由五、六坪自家房間，轉為租賃三十坪的空間，再後來擴展到七十坪，到現在則是兩、三百坪。員工也逐步增加，轉型初期每月營業額已超過百萬。但這還不是最大轉型，更大的轉型，是我遇到商場貴人張哲銘先生。

創建王國品牌「團霸兔」

如果只是規模變大一點，行銷噱頭多一點，這不叫轉型，這只是站在原本商業模式上投入更多資源而已。

真正的轉型，是必須丟掉昨天讓自己獲利的模式，採取跟以前不同，甚至自己一開始不那麼認同的模式。但如果理智評估轉型是必要的，就算過程痛苦也須轉型。

那年我已經在自家以生鮮食品為主力的團購，做出一番事業，已經不折不扣是個中小企業老闆。有個機緣認識一個團購主，原本我的團隊成員大部分是團媽，但這位是男性，一個擁

有自己事業的老闆，也就是張哲銘先生。

經過幾次交易，後來有機會更深入聊天，張先生看著我這樣年輕女孩，有心想為團隊做出更好的服務，於是找一天「語重心長」地和我聊事業經營。

一席話才讓我驚覺，以前創業都像辦家家酒，根本沒有一個健全制度，若遇到市場風吹草動，可能不堪一擊。

具體來說，我原本的事業沒有會計制度，也沒有倉儲制度。包括進貨銷貨，有時都憑記憶，以及很原始的 Excel 記帳。其他各種管理及人事行政等，也都沒有真正的體制。

後來我結合自己的生鮮食品優勢，跟張先生的冷凍食品優勢，合組企業集團，首先要做到的就是讓企業經營管理制度化，包括導入 ERP 管理等等。這過程非常不容易，完全推翻我原本的工作模式，甚至為此還需要經常熬夜整理庫存。

有時心中也會想著：「我幹嘛這麼累？我原本的公司就已經很賺錢了，不做這些改變也會繼續賺錢不是嗎？幹嘛這樣虐待自己？」

想是這樣想，但我心裡知道，這是必須要走的路。

終於整個公司變身大轉型，我以匯本股份有限公司作為母公司，依產品通路類型設立不同子公司利潤中心，同年也做了品牌化，「團霸兔」就是那時訂出來的品牌。公司業績持續攀升，後來因每天進出貨數量大到倉庫快容納不下，就去買下兩層樓房做新倉庫，當時月營收已超過四千萬。

但這樣就夠了嗎？我知道，目前所有的一切都只是事業「進行式」，未來肯定要再經過一次又一次的轉型。不僅事業如此，人生也是如此。

走向 O to O 商業模式為更多人帶來力量

時代不斷在變，思維也必須改變。我們的生活環境不也是從 web1.0，變成 2.0，再如今是 3.0。網路模式從 1G、2G，現在來到 5G，從前談網際網路，現在談元宇宙。

每次的時代轉型，舊時代霸主往往不是調整體質提升就好，~~許多時候，舊時代的霸主就跟恐龍一樣，適應不良就被淘汰。殷鑑不遠，不思改革者，就看不到未來。~~

我所處的事業，在短時間內就經歷了多樣改變，因為我所經營的正是最受到科技影響的銷售產業，從 B to B，發展到 B to C，現在則發展為 O to O，也就是結合線上跟線下的模式。這也是很多原本網購事業想要轉型的模式：「讓原本線上消費的客戶，也能在實體通路上做更多互動。」

過往網購龍頭之一蝦皮，曾經歷過「受制於通路商」的痛苦，因為消費者線上下單，仍須在實體店家取貨，這背後的取貨端及物流鏈會受制於人，後來蝦皮才創立了蝦皮店到店。

而我創辦的事業，也走在趨勢尖端，已經有自己實體的店面，並且採取全國獨一無二的加盟模式：「原則上，加盟主可以輕鬆入主成為店長，包括店面租金、裝潢及管銷，甚至開店就需要的貨品供應，以及行銷廣告，都由總公司做到好，身為店長，只要做好在地服務；亦即一方面服務來店裡取貨的買家，建立更長遠的合作關係，二方面鼓勵這些店長，要親自去在地社區及市場訪視，建立可以發傳單，以及號召居民來店消費的管道。」而所有的相關技能，總公司都可以提供培訓。

如今我實現當初的夢想，透過此商業模式，讓一些比較弱

勢的族群，例如，單親媽媽或中年失業者，不需自備資金，就能開展自己的事業，並能獲得總公司全面支援，這是我創業的其中一個創新轉型；另一個轉型是OEM模式，打造自己的品牌：「鈺女王」。以上的兩種模式都是2021年推出，即便遭遇疫情，都不妨礙事業開拓，也因事業蓬勃發展，讓我能幫助更多的人。

現在的我，經常透過上課培訓的方式，教導一般年輕人如何做直播、如何做陌生銷售等。人們都說，台上的我，穿著簡單大方，就像鄰家女孩一樣。後來有人知道我原來竟是個單親媽媽，七、八年前甚至連臉書設定都不太熟悉，都覺得很訝異呢！希望我的故事可以鼓舞所有困頓喪志的青年：「妳沒有理由再自暴自棄了，路是自己走出來的，妳也可以找出自己的領域，闖出一片天！第一步就從『馬上行動』開始。」

認識更多陳小鈺

個人 LINE

團霸兔粉絲專頁

陳小鈺 給好姊妹的悄悄話

座右銘	困難的事簡單做、 簡單的事輕鬆做、輕鬆的事天天做。
活得漂亮的祕密武器	❶ 不要被別人的意見限制了自己，即便大部分人都不看好妳，妳也可以自己決定要成為更好的妳。 ❷ 沒有什麼事是不可能的，當妳說「我不能」，就是妳在限制自己，我完全從零開始，妳一定也可以。 ❸ 感恩身邊的貴人，在生命的關鍵時刻，那些貴人是妳轉型的幕後推手。

過往的學習，都成為我現在的助力

美人魚潛水服飾品牌設計師
張庭榛

庭榛的人生，沒有哭天搶地的大起大落，卻有柳暗花明的峰迴路轉。她能憑著一股好奇心，就到日本考上整理收納師的專業國際證照；她能在陪女兒學游泳時，與人合作開創美人魚尾事業；她能在疫情被資遣時，又憑著行銷專長被國內知名電商高層主管延攬。

別人都羨慕她的幸運，但只有她知道，那是用了多少的努力，才能在每一次人生的轉彎遊刃有餘！如果意外與明天常常都會一起到，那麼她能做的，就是永遠認真地把自己準備好！

75% 巧克力

帶著苦味的巧克力，其實有點苦又不會太苦。就好像庭榛帶給人的感覺，有時外表看起來像很難相處，因為她不是那麼愛說話的人，可是相處起來就會發現她做事認真，也對人和善。好東西要吃過才知道。

RESUME 簡歷

現任 incumbent

- ❀ 知名電商購物平台行銷襄理
- ❀ Rurika生活共好部落客
- ❀ Dreamertail美人魚尾服飾首席設計師
- ❀ 日日好收納粉絲團整理收納顧問
- ❀ Murtail Lab 主理人

經歷 experience

- ❀ 旅遊業十年經驗
- ❀ 2021亞洲創作者大會推廣大使
- ❀ 2021聯盟網自媒體積分賽十強

專長 expertise

- ❀ 遠距收納指導、收納講座
- ❀ 平面設計、影片剪輯
- ❀ 行銷規劃、生活消費規劃、
  通路合作、品牌撰文
- ❀ 電商創業輔導、Google關鍵字
  廣告代操

疫情肆虐的這兩年，媒體經常報導又有哪家老店關門、有哪個產業很慘，每則這類新聞後面都代表著許多人失去生計，其中很多是中年失業。

當碰到這類的事，就會有人覺得像是遭逢意外般無法承受打擊，或感嘆人生無常。然而如果有些事本就「早晚會發生」，那就不能稱為意外。

什麼事早晚會發生？以職涯來說，妳的工作如果需要體力活，妳的體能過了40、50歲還可以勝任嗎？或者妳所處的產業今年不錯，但五年後十年後也依然不錯嗎？如果妳已預知現在所處的工作在未來十年或二十年會有狀況，有可能面臨裁員、產業夕陽化或年老體衰等困境，對現在還年輕的妳來說，有沒有什麼是可以預做準備的呢？

我的做法，分成二個階段，首先我在20多歲就逐步培養不同的專長，那時，是為了豐富人生視野，主要是植基於興趣而少有功利成分；等在職場累積了相當的資歷，就要進入下一階段的成長學習，屬於在工作之餘刻意的進修，那時就比較是針對跟趨勢發展相關，以培養可以作為第二技能的職涯能力為目標。有的學習剛開始純屬興趣，後來發展成另一個職能。這裡，我就先來介紹我是如何與「美人魚」相遇。

 ## 初識美人魚

美人魚，就是大家所熟知安徒生童話故事裡那種美人魚，在此處是名詞兼動詞，意思是指「把自己打扮成美人魚」，之後可以潛水參加「人魚潛泳運動」，也可以只是在淺水區拍照，趁

青春體驗不一樣人生。另外在南北各地海洋公園有專業的人魚表演，也有因應這新興產業的教練及培訓師資。總之，核心就是穿著美人魚尾的人（不一定要是女生，男生也可以扮人魚），以及他們穿美人魚尾所參與的各種活動。

當然我們不需要針對「穿美人魚尾」問目的，就好比我們不會問為何有人要越野騎車？為何有人要潛水？以及為何有人要Cosplay把自己裝扮成動漫人物般。那都是不同的生活樂趣，背後不一定要有商業或功利目的。

我和美人魚的接觸算早，那是在2018年。其實至今在台灣從事美人魚活動的人口依然不算多，更何況在當年。而讓我願意從一個旁觀者，後來竟一步踏入這個產業，甚至還發展出一種副業的關鍵，在於我的女兒。

那時我女兒剛滿3歲，活潑可愛，每天都睜大眼睛好奇地看著這個世界，因此我如果發現什麼有趣的影片，就會點開影片給她看。那回我跟她分享的就是一個國外的美人魚影片，如同許多台灣朋友般，剛開始見到有人化身美人魚在海中遨游，只覺得那畫面真的好美，當時也不知道那是人人都能參與的一種活動，只當成奇聞軼事，拿給我女兒看，希望她看了會開心。

當下女兒就說，好美，她也想要變那樣。

如果只是一時興奮這樣說，那可以當成童言童語。但女兒繼續說她好想當美人魚說了一年，我這做母親的，就也跟著認真去研究這件事，一查，真的有這種穿著美人魚尾的族群呢！於是我就和女兒開啟了母女新的美人魚篇章。

要陪伴女兒參與美人魚活動，我這當母親的自然也要學習及熟悉如何穿著美人魚尾下水。

這不是件容易的事，因為我不但不會游泳，甚至恐水，是每次去海邊，都只能坐在沙灘躺椅上遠遠地看別人戲水的人。此外為了安全，各相關潛水場合，都有規定穿美人魚尾潛水要先取得資格認證（否則只能在一般淺水區域玩水），而孩子要滿6歲以上才能參加相關培訓。

　　那段期間我先從國外訂購一條小美人魚尾給女兒，常常陪她去訓練，同時我也持續蒐集美人魚的相關資訊。但發現孩子總是不認真，不會游泳的我常在岸邊斥責她要認真。後來卻察覺到「我根本不會游泳也不敢嘗試，又有什麼資格罵她呢？」

　　於是在朋友介紹下，認識我的啟蒙教練楊心元，她是兩項國家潛水紀錄保持者，也是國內最早取得MFI系統人魚教練證照資格者。因為她的耐心，願意帶領我從一個原本的旱鴨子，進階成為穿著美人魚尾悠游的人。

　　而在跟楊心元教練學習期間，對我來說是一種雙重突破，既突破不敢下水的原生恐懼，也突破一種新的生活嘗試，後來還發展出週邊副業。

　　印象很深刻的，為了學潛水，必須到運動中心的深水區，那時我看到池水根本深不見底，一旁標註深2.5米，我感到害怕，問教練這水是不是太深了？教練反問我：「**反正都踩不到底，水多深有差嗎？**」

　　這句話讓我豁然開朗，其實那年我正苦思著當個傳統上班族未來生涯沒保障，但若想發展其他副業，內心又總是感到害怕。也正是教練的那句話提醒了我，任何產業及任何新的突破嘗試，反正一開始一定什麼都不知道，總要從基礎出發，既然如此，與其還沒做就先怕東怕西，為何不趕快下定決心讓自己真正啟動？

就這樣，我在2020年拿到國際美人魚執照，再事隔兩年，台灣終於有兒童人魚教練，以能取得SSI國際人魚證照及表演為目標，女兒也在2022年取得執照。如今我們母女倆，都可以一起去玩美人魚活動，變成泳池邊另類的美麗風景。

成為美人魚尾設計師的契機

因為我本身已取得美人魚資格，也真正以一個使用者的身分，穿著美人魚尾，這讓我有機會可以把我原本的一項專長得到發揮，那就是服裝設計。

自己常穿著美人魚尾潛水，知道美人魚尾的設計，不同於一般褲裝，不只要考慮腰身、腿長，也要顧慮到因應每個人身材比例不同，腰、臀、腿的Size需要整體規劃的版型，要做到足夠的貼身度，又不能帶給穿者太大束縛感，且穿美人魚尾潛水也攸關生命安全，設計上須完全契合主人身形，除了要在水底可以活動方便，還依然要展現美感。

台灣的美人魚活動發展歷史沒有很久，根本尚未有一個本土的美人魚尾品牌，過往人們都必須由海外訂購，經常遇到的問題就是Size不合，卻又因為跨海難以客訴，而且網購既不方便又價格昂貴。如果是自己製作，既省成本也較能搭配每個人不同Size的需求。

最早時候，我也是海外網站訂購，如今我和女兒的美人魚尾，都是我自己縫製，有著我們自己設計的花色，還能依照原版型量產。

從小我就愛畫畫，也喜歡做縫紉，而且有種對事情的執拗，

一旦我投入一件事，就可能整個人沒日沒夜、廢寢忘食地鑽研，誰來勸我都沒用，例如，我少女時代曾迷上 Cosplay，那種動漫衣服當然買不到，那時我就想自己設計衣服，我也是在那回的學習經驗，才懂得更進階的打版技能。當時候只是作為一種興趣，婚前婚後閒暇之餘也會做洋裁，沒想到日後這個技能會跟我的新事業有關。

剛開始，我只是自製美人魚尾，在相關社群 PO 出來，當時純屬興趣。後來是有美人魚教練主動邀約合作，並且雙方的理念契合，我們都想讓國人可以穿著本土設計的美人魚尾，同時因為是在本地訂製，所以後續任何的修改溝通都比較方便。

必須說，從初次接洽，到正式設計打版，以及最終推廣給客戶，過程非常辛苦，好在我本身一方面既有設計底子，一方面也有著不服輸的個性。

總之，我因為擁有打版、裁縫、電腦繪圖等技能，所以要轉入美人魚尾領域並不難，雖然這是過往沒做過的類型，畢竟要設計出那條尾巴，可沒有傳統服飾能參照，後來我多方摸索海外的美人魚尾做法，也自己找布料做出合身且花樣自己都很喜歡的美人魚尾。

當教練來找我，本以為是一種「客戶交辦，然後我照單完成」的概念，實務上卻是一段很長的「摸索→嘗試→失敗→修改→失敗→再修改」的反覆歷程。

特別是我當時白天還在上班，因此只能利用晚上時間，經歷一次又一次改了不對，調整還是不行，甚至有的版型不誇張地說改了近百次的修改過程。而教練也是嚴謹的人，他為了拓展本土美人魚尾，特地花功夫匯聚了一百個人體版型，並依此設定出幾個標準公版，每種都需要經過真人實際下水測試；在

確認實穿後，還要考慮設計，也許我自己覺得很美，但大部分客戶不一定認同，因此須再提供更多樣式。正因經歷過這個歷程，所以最終通過考驗，可以正式對外銷售的美人魚尾，都絕對是品質卓越，且兼顧安全的佳品。

因此，我覺得任何學習都很重要，即便最初只是一種樂趣，但世事難料，可能有天，妳的興趣就會變成妳的工作助力。當然學習要植基於熱誠，不學則已，一學就要花功夫，若只抱著玩玩心態，那就只是一種休閒體驗，船過水無痕，不專精的事物不能成為技能，也無助未來人生。

 ## 我被資遣了

2020 年 11 月，是我又悲又喜的一個月，我真正感受到「當上天幫妳關上一扇門，必會為妳再開一道窗」。

就在那個月，禁不起疫情肆虐，觀光慘淡，於是被資遣，其實當百業蕭條，我們從事旅遊業的人都發現大事不妙，但我沒想到事情那麼快發生在我身上，可是這就是社會的現實面，也是我經常有機會就跟年輕人分享的，不要認為妳在一家公司是不可或缺的，也別因為妳覺得績效不錯或與老闆關係好，就認定自己在此地位穩固。如果連公司本身都不一定可以長期存活，更何況是隸屬於公司的每一個小小螺絲釘？

居安思危，是所有上班族必須有的基本認知。

總之，我原本是資深員工，每月都可以領固定薪水協助家計，突然間我的收入整個沒了，我斷炊了。然而，在同一個月，我接到教練打來的電話，那時我已經在辦理工作交接事宜，來

電第一句話就是：「庭榛，有人下單了，妳設計的美人魚尾賣出去了。」

當下我說不出話來，覺得一切好不真實，雖然明明當初跟教練合作就是準備要商品化，但真正自己設計的衣服，賣給了消費者，我心中還是有震撼。

說實在，美人魚尾銷售的利潤並沒有那麼多，甚至若把當初種種付出的時間成本扣除，根本不算賺錢。但這畢竟是個開始，我們願意相信市場一旦打開，後續會有源源不絕的商機。

當我的美人魚尾銷售出去，我自然高興，但短期內不能作為財務來源，大環境的情況是疫情依然肆虐，2021年時依舊險峻，很多公共場合都不開放，包括各運動中心、海水浴場等，連下水的環境都沒有，自然也不太會有買美人魚尾的需求。

我被資遣後的生涯規劃，有賴其他技能，還好，我從前就是愛學習的人，當初的各種學習，就成為後來我轉型的助力。被資遣的第一年，2021年一整年，我有兩個身分，除了美人魚尾設計師外，另一個是部落客，為我2022年的新生涯鋪路。

我的各項斜槓證照技能

從小我喜歡學習新東西，另外我還有一個習慣，就是好東西願意跟好朋友分享，特別是網際網路普及後，我很早就建立起自己的部落格，並常態做專業分享，我以「Rurika·生活共好」為名，多年來我的文章也有相當的人氣。

「Rurika·生活共好」分享的都是家居、育兒等生活相關的資訊，此外也結合我的另一個專業，收納管理。

其實身為上班族，我長年學習都只為培養額外興趣，也希望自己擁有多樣斜槓技能，但我並沒有特別去考取什麼證照。真正開始發現證照的重要，是在2018年後，當時雖然還不知道兩年後我會被資遣，不過的確已感知到，擁有多樣技能才能給自己更多保障，而所謂技能並不是自己說了算，必須有證照。

第一張取得的證照，就是收納師證照，並且是源自對收納管理最有經驗的日本證照。

最早是因為自己常在部落格分享諸如家電使用經驗，還有居家整理感想等文章，為了讓自己PO的文，不要有錯誤或太落伍的觀念，我經常瀏覽國外的網站，特別是日本的網站，只要是跟居家主題有關的網站我都很愛逛。

無意中發現，那些居家網站的版主，一些分享如何整理家的主婦，很多都會掛上一個職銜，叫做「整理收納アドバイザー（整理收納顧問）」，這職銜讓版主的文章更有信服力。因此認為自己也應該如此，於是透過管道參與這樣的培訓及考試，在經過多次考核後，我真的取得這張國際證照。

另外，由於經營部落格相當於是在經營自媒體，為此我特別去上各種自媒體相關的課，了解各種社群行銷的規則、關鍵字導入、如何掌握客群等等，也取得GA、Google ADS等數位廣告經營等國際執照。因為擁有這方面專業，以及課堂上接觸的新人脈，加上我的文章的確有一定的粉絲及公信力，這樣我才有實力，也願意承擔各類業配文。

必須說，文筆好是一回事，對產品的真實體悟是另一回事，二者都必須具備才能寫業配文，即便如此，對於廠商的邀約，我也都是經過審慎考慮，真正認同的才會接案，例如，一款家電，我必須真正操作，自己都認同這家電好，才能發文推薦。

如果我自己不能百分百融入這個產品，也就是我無法「發自真心」對廣大讀者說我愛這個產品，那我就不承接該業配案，就算錢再多，我也無法承接。

其實算起來，我投入部落格的年資已經超過十年，過往這麼多年時間，我都是因為愛用而分享，對我來說，因為我的建議而可以幫助到其他人，這讓我有成就感。如今不可能為了賺錢，而破壞自己的部落格品牌。

因此到頭來，我手中三個有證照的技能：「整理收納師、美人魚尾設計、自媒體行銷」，似乎尚無法對我的生計有太大幫助。

2021年，也就是我被資遣後的第一年，我是怎麼走過來的？那些技能都沒有被埋沒，時候到了，依然會帶給妳的人生新的可能。

 ## 2021年新機緣

2021年，我將滿40歲，算是典型的中年失業，此時又碰上疫情帶來的全球經濟動盪，心情說不惶恐是騙人的。但我知道自己不是懶惰的人，進入職場以來，對每份工作都很認真，我相信老天不會虧待我這樣負責、真誠的人。

2021年，我一方面經營部落格，另一方面開始接觸電商，進入一個創業圈子，因緣際會下結識了與以往完全不同層次的朋友，這種下日後發展的新契機。因為我本身擁有GA等證照，懂得社群行銷、在團隊教育新人，此外也在電商裡做相關知識分享，這算是我一個特色。

所以2021年底，我接到來自台灣前三大電商公司的主管邀約，她覺得我的自媒體行銷專長，對整個集團會有幫助，就這樣，我如今也成為電商行銷團隊的一員。因為在這段人生過程中的種種歷練，讓我更有信心發展我的第二個品牌Murtail Lab，回歸到「本來就是因為孩子而踏入了美人魚領域」的初心，期望台灣的美人魚運動能更廣為人知，Murtail Lab將以給孩子的專業美人魚尾為主軸，並帶入美人魚相關手作文創，滿足人們對美人魚的憧憬和幻想。

　　2020年底，我還是個剛被資遣，除了旅行業沒有其他產業工作資歷，年紀已不小，難以找到工作的家庭主婦；2021年底，我已是個具備多元專長，在不同領域得到肯定，收入也遠比以前上班族高的自信女子。

　　最終我過往的學習，都成為我現在的助力。

　　我的收納師專業豐富我的部落格；我的部落格強化我的社群行銷力；我的社群行銷力讓我可以在國內最大的電商發揮專長；而我的自己原本的興趣之一，美人魚尾製作，也擁有長遠的發展可能。我希望疫情後，隨著更大範圍解禁，當更多人重回水的懷抱，可以讓品牌開闢市場，更大的願景則是把這個品牌拓展到海外。

　　當我抱著我的女兒跟她說：「記得以前妳看過那個很漂亮的美人魚影片嗎？現在還有更多這類的影片，且她們身上穿的服裝是媽媽的設計喔！」有什麼事可以比伴隨家人一起圓夢更幸福呢？

　　感恩所有幫助過我的人，我很幸福。因為我懂得把握各種學習機會，也讓學習豐富我的人生。

座右銘	如果一個人不知道她要駛向哪個碼頭,那麼任何風都不會是順風。
活得漂亮的祕密武器	❶ 危機就是轉機,生命中的每一個轉變,也許乍看是種危機,就好比我年近中年被資遣,但如果沒這個經歷,又怎會讓我拓展出生命中其他的可能呢? ❷ 人要培養多種興趣,下班後除了看電視和滑手機外,這世界有很多妳可以發掘的新事物,不要小看自己擁有的興趣,妳永遠不會想到上天是怎樣安排?也許有天原本的興趣,就會發展成生意模式。 ❸ 採用DOC輔助法:「行動、觀察、修正」。人生不要自我設限,遇到事情不要先擔心不成功怎麼辦,與其停在原地擔心,不如先行動,觀察後續,成果不理想,沒關係,就調整到理想。最終一定比完全不採取行動,要能獲致更多的成就。

認識更多張庭榛

個人履歷

Rurika 生活共好
部落格

你不是失去，
而是學習捨去！

123

用覺察的心看待
不斷進化的自己

未來世界策展人
陳霏妍（Ocean）

她 叫 Ocean，一如海洋沒有邊界、容納寬廣、無法被定義。在學校找不到學習的意義，就勇敢休學去擺攤創業，當發現授權商不守承諾，便毅然捨棄百萬投資重新開始，她從《KANO》、《賽德克・巴萊》精湛的美術設計，到成為走入 Web3.0 平台，打造沉浸式互動體驗的創意 CEO。

看這個不按牌理出牌的女生，如何「虛實」整合，持續為自己與他人創造滿滿的驚嘆號！

熔岩布朗尼

濃厚的重巧克力，看起來極具份量感，不容忽視，追求苦甜回甘的特殊層次，就像我勇於接受跳戰，一直在創造與體驗新事物的特質，咬開後像岩漿般融化的口感，藏著溫暖與炙熱的人文關懷。

RESUME 簡歷

現任 incumbent
- ❀ 水母賽柏葛全域傳媒有限公司策展人
- ❀ 無界派對實驗所共同創辦人
- ❀ 新世界企業烏托邦計畫主理人
- ❀ 天然國際香芬發展協會理事

經歷 experience
- ❀ 森鐸創意有限公司營運長
- ❀ 山東墨琵創意影藝有限公司
  創辦人
- ❀ 電影《KANO》、《賽德克‧
  巴萊》、《痞子英雄》等美術
  團隊

專長 expertise
- ❀ 十年以上體驗創造的經驗，
  擅長打造電影規格的場景氛
  圍、沉浸感互動式策展，以及
  遊戲化的培訓內容。

有時自我介紹時，我很難跟別人形容我是什麼行業。就像在生活中同時可能是妻子、母親、女兒，在不同的狀況下會轉換成不同的角色，畢竟可以不斷跳脫傳統窠臼，創造另類價值，不被舊有的職涯定位框架綁住，還有機會結合新資源開創新局，這些就是一直以來我想做的事。

　　如果以職業定位來看，我經營的就是家跨域整合策展公司，但以事業內容來看，其實我的主力是打造一個社會創新、體驗策展相關的平台，在聯合國17項永續發展目標（SDGs）中，為世界永續盡一份力，在靈性時代守護內在的力量，並積累更多能量，擴展不同可能性。前衛，又充滿愛。

 ## 一個不乖的小孩

　　從小到大我就是不一個太「乖」的孩子。我是總愛問「為什麼」的人，到了念書階段，我也會問，為什麼要學一些 sin、cos，我很清楚以後不會用到的知識？在學校始終找不到答案，於是最後就選擇先休學。那時的自己看起來很奮力地想做些什麼，但往往都是帶著挑戰權威的成分。直到近幾年，過去那些衝撞制度的血氣方剛慢慢變淡，也讓我逐漸看見兩個很重要的面向：

　　第一，是因為自己想要的那個世界，並不是現行體制、普世價值能給的，所以更要盡情去探索、去嘗試。

　　第二，是人生布局可以「以終為始」。就像求學時，身為美術班學生經常籌劃各種畫展與成果展，每次活動前，全體成員都必須針對該活動訂一個主題，再根據主題發想、實踐。

這不就跟人生一樣嗎？每個人的人生都是一場精彩的展，我們始終要知道因何而展，才真正能享受這策展的過程、生命的過程。

第一次歸零的經驗

像我這樣不乖的小孩，我的職涯的確滿不一般。

大學休學後，我展開了第一個生意，擺攤賣自己創作的飾品，擺攤的位置就在全台第一個24小時營業的敦南誠品前，每晚看著形形色色的客人、路人，映照著人間百態。當跟我同年紀的青年，可能還在大學裡玩社團、談戀愛、翹課，我卻已經歷過人生第一場創業人情冷暖，把過往賺來的錢都一次慘賠，為年輕的我上了一堂人生體驗課程。

某天擺攤時，一位國內品牌設計師的公關路過，他非常喜歡我設計的飾品風格，於是引薦我與設計師見面，而後成為了他們新創品牌的合夥加盟。原來這位國內設計師是台灣第一批嶄露頭角的資深設計師，在服裝界具有知名度，但為了要注入創新年輕元素，因此想開創新的品牌支線，最後他鼓勵我一起共創開店。

於是我人生第一次創業，在台北東區租了一個店面，其實我當時也真夠大膽，花錢非常大手筆，把所有的積蓄，連同親友借的全部投入，打造該品牌的旗艦店，當時的我真心期待，感謝這次機緣展開人生階段的躍升。

然而這卻是我對人性認識的一課，開店時我基於信任，沒有在合約中載明合夥權益與競業細節，理所當然地覺得他會持

續支持我，為我倆事業圓夢，他也曾不只一次承諾會遵守商業道德。

在開店大約半年左右，無意間得知這位設計師打算在附近自己開設直營店，情感上告訴我這不是真的，理智上則告訴自己要做好最壞準備。果然不久後，這個設計師就選在我的店址附近另設店面，由於他自己本身就是品牌設計師，擁有一切後台系統的客戶資料，加上他親自駐店，想當然爾，之前許多客戶就這樣流失到直營店。

最終我選擇開店一年後結束營業，投入百萬的裝潢無法回收，對當時的我來說很痛，不過最讓人灰心的還是人性，這是我第一次從擁有事業，結果到頭來歸零的經驗。

 第二次歸零的打擊

我人生第二次創業歸零，是跟我先生一起遭逢。

我30歲左右結婚，先生跟我一樣都是具備美術底子的人，他是藝術與科技結合，我則比較偏向藝術與社會結合，我倆組成公司，以專案模式跟不同電影公司合作，像魏德聖導演的《賽德克‧巴萊》、《KANO》都是那時合作的作品。

2017年時，在中國山東有兩個專案同時在進行，一個是時裝電視劇拍攝計畫，一個是在濟南的文創園區規劃案。這兩個都是大型專案，當然不是開幾個會、翻翻幾本報告書就成案，我們跟團隊核心及海峽對岸代表，經過大半年的密集聯繫，也飛往山東兩次，開辦公司和會議，台灣這邊共五個合夥人也都

形成共識，覺得本案勢在必行，會是一個大家共榮共好的發展。

　　我和先生下了很大決心，幾乎是將未來人生全部押在這次創業上，當時我們攜家帶眷，一家四口人全都搬去山東，那時大兒子才2歲多，小兒子更是出生未滿一年。

　　入住山東後，當中三位合夥人卻臨時退出，抽資後資金瞬間短少，原來說好會支付我們每月的金額，後來一毛都沒付，在山東的食衣住行所有開銷，都是我們自掏腰包，即使如此，我們仍然努力規劃出滿滿將近兩百頁，內容很詳實的設計規劃書，整個文創園區的Know-How都在裡面。

　　另外又遇上中國大陸當局嚴格審查影劇，以及追查藝人的稅務風波，包括原本預計拍攝電視劇的演員都在名單之列，在這一連串的整頓下，最終整個電視劇計畫停止，我們一家在中國大陸這段時間把過往辛苦的積蓄花光，連當初我們的園區規劃書，交付給熟識的當地政協委員後，卻一直沒有下文，最終則不了了之。

 ## 一切都是體驗與學習

　　這次對我們夫妻是一次很大的打擊，經濟上的損失是一種痛，但更大的痛仍舊是來自對人性的失望，以我先生來說，他就有很長一陣子無法釋懷。

　　但幸運的是，我從小就很愛思考，也很早就看過多樣人情冷暖，反倒能快速轉換並鼓舞我先生，試著換其他角度想事情。

　　我告訴他，我們應該慶幸，還好這樣的事是發生在我們都

還年輕時，夫妻倆都才30幾歲，孩子也還年幼。如果等到年紀更大，孩子教育費也負擔更重時，才遭逢這樣的事，那我們可能就承受不起。

因為發生這些事，讓我更明白，這世上很多事情的發生，本身或許就不是要達到某個結果，而是要讓「過程」帶來一些學習。所以，無論遇到再大的難關，唯有讓自己跳脫受害者心態去接受、停止抱怨，才能真正跨越並前進。

這些經歷除了帶給我扎實的社會體驗，也讓我體悟到建構內心秩序的重要。許多人每天忙著關注「身體（外在）」處於哪些環境變化，但卻很少留時間給自己的「心（內在）」去感知「每個當下」的心境流轉，雖然「活著」，卻沒有「生活」的趣味。

幸運的是，我從事藝術創作，一直以來就很喜歡探索哲學、做心靈思考，經常自我對話，專注投入當下而忘卻時間。也許是因為這樣的習慣，當困難來襲，我似乎比較容易樂觀以對。

史蒂芬‧史匹柏曾執導過一部電影叫《一級玩家》（Ready Player One），就是描述一個現實與虛幻交錯的世界。我想，如果日常生活中大家可以自由地線上線下的切換，就像是跨域的遊樂園，那簡直太好玩了！未來的世界，現實與夢境已沒有明確界線！妳人生選擇在哪裡登入，哪裡就可以成為妳的「現實」！相信擁有心靈富足的小宇宙，每個人也會更敢於夢想。

 ## 沉浸式體驗萌芽

不過我指的「線上」不是像上網玩線上遊戲，用更炫的科技

打造另一波口味更重的娛樂浪潮；而是像電影《阿凡達》，男主角 Jack 在進入阿凡達新世界的感動和純粹。在資訊爆炸、極度數位化、實體感官刺激無限升高的現今，科技設備已能讓人難辨真偽，但要讓「人心」真正被啟發和觸動，則有賴於創造更深層的「沉浸式體驗與互動」。

傳統的劇場，觀眾都是坐在位置上看表演，但在沉浸式體驗裡，整場活動中，觀眾都要跟著角色，把自己全然置入，才能追到劇情，並能產生更深刻的共鳴。

這種全然地投入帶來的全然感動，是跟魏德聖導演合作得到的啟發。魏導是我們非常敬佩的人，因為參與他的電影近身工作，才親眼看到他是如何用心在掌控拍片品質，他會為了找一個好鏡頭，不惜底片一拍再拍，就算預算不夠也不妥協。

之前因為先接連拍攝《賽德克‧巴萊》、《KANO》，劇組足足在嘉義水上住了八個月，經常 24 小時徹夜未眠地拍攝，而我們卻只休息兩天。可是很神奇，身體會累但心裡沒感覺累過。撇除大家感情好，更重要的是因為我在做《KANO》劇中球員的護膝護具、讀著劇本的同時，覺得自己彷彿也回到 1931 年，一起熱血了一回！

因為有參與製作過程，也在劇本設定的環境生活過，所以一切虛擬的世界都變得真實起來，感覺自己不是觀眾，而是主角！這種角色錯置的沉浸感，與純粹看電影的感受截然不同！

我非常喜愛整個從無到有的創造過程，以及後續和其他參與者及觀影者產生的火花，這奠定了我日後想投入「沉浸體驗策展」的念頭。就算沒有虛擬實境的高科技設備，透過專業的策展設計，也可以讓人真的融入一種情境裡，體驗各種有趣的活動。

舉例來說，我辦公室開幕時，策畫一場為期兩週的「運氣探索沉浸式派對」，採預約制，整個過程參加者會進入需要協助互動的環節；也會有獨自探索的部分，經由穿梭不同的房間，縮時體驗人生，甚至是遇見其他面向的自己。

　　在未知的體驗狀態下，妳會對周遭的環境、氣氛、味道變得敏銳起來，過往忽略或沒意識到的狀況，在那樣的情境下都有機會被正視，那些平常不敢講的話都變得比較敢講了，人也變得感性起來。甚至妳會真正沉靜下來和自己的潛意識對話，這是許多人沒擁有過的體驗。

　　這就是一個沉浸式體驗活動，運用情境、心理的投射，帶妳來趟自我探索之旅，更認識（豐富）自己的小宇宙。

 ## 創建社會企業

　　經歷了過往不同人生歷練，曾經失敗，也曾有某種成就，我從一位單身且有點不按牌理出牌的女孩，到現在成為照養家庭的人妻。所有的這些人生過往，堆疊出我現在的創業智慧。

　　漸漸地，我不再只滿足於「認識自己」、「了解自己要做什麼」，更希望透過自身經驗，進一步協助他人「知道自己要做什麼」？或「可以做什麼」？

　　我期待打造一個「以人為中心」的旅程，並透過「科技應用」創造「客製化、個人化、個性化」的行銷溝通模式，在越科技的時代，越能夠認知關注人性與人際互動的重要。

　　於是我們夫妻創立了「無界派對實驗所｜WOOLAB.沉浸體驗聚落」，以成為「未來世界策展人」為定位，將「人生策展」、

「沉浸體驗」、「遊戲教育」作為發展核心。

　　同時希望打造出符合「聯合國永續發展指標（SDGs）」的社會企業。這樣的企業，不同於追求最大獲利為目標的商業企業，和追求公益至上的慈善企業。而是透過提供具競爭力的服務或產品，將盈餘的某個比例，再投資於所欲達成的社會目標或社區中，既能發揮創新與影響力，累積商業價值，也能善盡社會責任，就像工作與生活，取得最適當的平衡。

　　如今除了之前提到的「沉浸體驗教育」（方式可以是精品工作坊、營隊、遊戲開發、覺醒型沉浸式策展），無界派對實驗所也和不同五感體驗類的文創事業團隊合作，提供精油調香、植物療癒、琺瑯藝術、昆達里尼瑜伽等療癒系課程，開創更豐富的自我探索體驗生態系。

　　感覺上好像我的平台經營內容，都跟社會服務，或者身心靈相關，但其實我一直都活得像我的名字Ocean（海洋）一般，勇於冒險、不愛被任何框架所束縛，因此只要有機會，各種面向都有可能被納入。

　　像我因為很喜歡接觸新事物，早在2013年就認識元宇宙及加密貨幣，那時知道這些名詞的人還寥寥無幾，而後來當人們剛聽聞、還在觀望及討論時，我已開始親身參與投資，也積極學習NFT的知識。

　　如今不僅能將這些經驗應用在我的事業裡，搭上時勢所趨，在「無界派對實驗所」中，我們同時融入Web3.0元素，這個Web3.0平台的特別在於，提供社會創新企業投入NFT的服務，不論是要透過智能合約發行自己的NFT、發行企劃統籌，或想舉辦元宇宙相關社群活動，並與藝術充分整合，我的團隊都有這方面專業，更加提升我們平台在市場上的競爭力。

因此，若未來妳看到我的創業平台出現什麼意想不到的服務項目時，請不必太驚訝！人生本來不就是一連串意外的旅程嗎？而「未來世界」，還有很多未知等待我們去探索！

 ## 回首生涯轉折心路歷程

知名舞台劇演員謝盈萱憑藉《誰先愛上他的》一片拿下第55屆金馬影后，當時她激動地上台，第一句話說：「人生有很多事真的讓妳意想不到！」

總體回首自己的心路歷程，我也深有所感！從20歲開始工作，曾經在已經熄燈的敦南誠品前擺過攤、做過採購、企劃、業務、開過店、拍過電影等等。

擔任電影美術與開電影美術設計公司那段期間，我非常喜愛整個創造的過程，以及和其他參與者、觀影者產生出的後續感動，但也發現這是一條非常辛苦的領域。以前總是一個案子接過一個案子，每年都要因為案源煩惱，不斷循環，但這不是一個健康的體質，如果不能創造穩定的案源與市場，長期還是無法安心地創作，而要到這樣的條件，必須把一整個產業的生態環境建置起來才有可能。

但這並非憑一己之力能做到，既然我改變不了，就用另一種方式去反動吧！後來我把這份感動帶去做社會創新，在自己創建的環境下，讓更多人跟我一起感受沉浸式體驗的美好，也就是能在繁忙或不如意的生活中，找到讓自己快樂的感動，以及自己內在的力量。

我這一路上遇到的選擇和挑戰從沒少過，也總在以為快到達成功時，卻又全盤歸零。但在克服困難的過程中，那些始料

未及的決定，卻促使我不斷向內心找尋天堂。

而且回想起來，我相當感謝那些逆境給我的禮物。如果光有熱情，而沒有那些曾經面臨的不滿意和不甘心，這件事可能也達成不了。

當然我不是想鼓勵大家人生不要過得太順遂，而是如果妳已經剛好在這樣的狀態裡，我覺得這些跌跌撞撞，也許是上帝要給我們比別人多一次重新選擇的機會。

為了早日離開逆境的不舒服，反而會刺激我們比平常更積極去重新檢視、選擇。正因如此，久而久之，這種反動與審思，已變成我人生中不可或缺的過程。

我逐漸懂得擁抱生命的每一個轉彎，也欣賞自己對一切仍保有「不理所當然」的思考。我終於明白，在找到熱愛的事之前，重要的是，先接受自己的狀態和發生在當下的事。我也是在認清自己真正在意的部分後，才逐漸清晰「自己嚮往的地方」。

有些經歷來到我身邊，重點不在於這個經歷或技能的養成，而是在這個經歷中遇到的這些人。我們人生當中會有幾次這樣的經驗，某人出現，說了一些話、做了一些事，然後就消失了，但他給妳適時的點醒。很可能從那時開始，妳的宇宙就分岔了！我想成為別人生命中這樣的人。

很多藝術人心中都踩著一條界線，不太喜歡讓自己作品太商業、或專注那些看起來很「入世」的區塊，怕被別人覺得太媚俗或太功利。」但我從小就愛嘗試各式各樣的可能，我覺得商業也好，俗氣也罷，不去嘗試、不把它做出來丟到市場上，怎麼知道那是什麼？

我對新觀念的接受也是如此，像我很早就接觸到加密貨幣、認識區塊鏈，被它的底層邏輯深深吸引，當大家還在觀望時，

我則大膽應用在我的新事業上，開啟企業們對Web3.0世界的想像，去延伸出不同於以往說故事、行銷的切入點，再長出更多與大眾對話的體驗方式。

後來才發現，原來因為我沒有受到很多教育的影響，被告知什麼機會成本、什麼價值取向等等，所以心中沒有「這個不行、那個不行」的界線。這不一定會確保我成功，卻能讓自己每天都活得很真實且充實。

很多人生意想不到的風景，竟都一一的影響了我。每件降臨在身上的事，都是學習，也是不斷在考驗自己如何做「人生價值的排序」。從前我多少也算商業化的人，多著重在「如何讓自身專業能轉換成收益」，但在歷經很多次的劇變和失敗後，現在則變成比較專注在「如何讓別人得到快樂」。

因為人在習慣某些東西後，常會錯過很多可以創新、做不一樣事情的機會，所以我盡量在做不一樣的事情。而做不一樣的事情會遇到很多困難，但這些困難會讓人找到從來沒有想過的突破點，這會是很大的前進動力。因此人可以走多遠，都是自己可以決定的。況且當元宇宙、Web3.0已經在改變一整個世代的行為模式，我們又為什麼覺得自己能不被改變呢？

做個與自己對話的人

現在大家常在談「找自己」，很多人都想知道究竟怎麼做？但以我自身探索的經驗，我發現其實沒有標準答案！因為每個人本就不同，而且很多事本來就沒有絕對正確的答案，不把問題限縮在一個單方的視角裡，妳的發現將可以變得無限寬廣，所有看起來已經是走進死巷的難關，也總會有光。

而不論是否找到答案，我覺得持續習慣自我對話才是最重要的！當我把注意力從關注「別人在想什麼」、「在想我什麼」，拉回到自己身上，多點時間去感受「自己心情覺得怎麼樣」、「自己的身體感覺如何」，我便容易進入到一種放鬆且平衡的狀態，做什麼事都變得更有安全感。

　　尤其現在進入「標籤化世代」，大家經常去貼別人標籤，也習慣被貼標籤而不自覺，但如果我們認同別人給的標籤，那可能會是一場災難，因為我們讓別人建構（決定）了我的價值。

　　「做自己」跟「成為別人期待的樣子」，是截然不同的！如果我們認識自己、懂得自己，能分辨哪些是值得接收（認同）的資訊，那麼行動與心靈都可以得到更大的自由。

　　這是我受到嬉皮精神的啟發，他們沉浸於自己的世界，自在卻不自私，不墨守成規、跟隨自由主義，去認識自己和追求精神釋放，充滿善意和尊重，使身心達到某種程度上的自由。因此在找自己之前，我覺得更重要的是，要先接受、正視、習慣自己。

　　每個人都值得花時間去習慣（陪伴）自己，若妳持續性地陪伴自己走過，沒有輕易把摸索的過程，讓渡給標準，更建立自己的美學脈絡，它因此生根，長成妳身體與個性的一部分，便會牢牢地跟著妳。

　　只有對自己誠實，才得以接近真實的自由。自由不會憑空得到！周遭滿多朋友羨慕我可以創業、自在做自己喜歡的工作，但我認為每個人想懷抱的生活很不一樣，沒有哪一種比較好或比較成功，端看妳願意付出什麼代價和甜頭而已。

　　而且在創業的路上（尤其 Web3.0 世界），女性是相對少數，就算是自己喜歡的事，也不是每次推進，都可以得到百分之百的空間和支持，我唯一能做的，常常就是盡量去爭取，想方設

法去開創這件事。即便這件事在當時大家覺得不可思議或改變幅度有限，但是妳想做的，就去勇敢跟這世界索取妳想要的資源吧！不要輕易被左右而退縮，因為也許再過久一點，時間就會幫妳向大家證明，妳想走的路是值得的！「意志」才是最珍貴的成功籌碼！

陳霈妍 給好姊妹的悄悄話

座右銘	學會做好一切不喜歡的事，才能讓妳更喜歡自己正在做的每一件事。

活得漂亮的祕密武器

❶ 永遠都不要放棄「找到自己」這件事。每個人能無所畏懼地活出真實的自己！

❷ 迷惘不是一個問題。迷惘是一個任何人生階段都會發生的狀況，25歲有25歲的迷惘、30歲有30歲的迷惘，每個年歲有每個年歲的迷惘，很多美好的能力並非來自工具必須具備的特性，例如，效率、速度、競爭等等，反而是來自迷惘、不確定、掙扎之中，而得以成長。

❸ 每個時期都會長成不同的自己，但若妳沒意識到就沒覺察，當妳懂得覺察，就懂得負責，知道世間成敗都跟自己有關，妳就會從無力感中掙脫，重新獲得力量。

認識更多陳霈妍

個人 IG

無界派對實驗所官網

無界派對實驗所IG

- CHAPTER 004 -

自省篇

Introspection

摘掉面具和枷鎖，
真實的自己最強大！

讓自己變強，不必在乎別人怎麼說

塔羅牌療癒師
張菁琇

只因身在歌仔戲班家，被貼標籤、霸凌、孤立竟成為她長大的日常。大人的口是心非、朋友的自私自利、在感情裡的卑躬屈膝，就像歹戲拖棚的連續劇，好長一段時間不願殺青地糾纏著她！她想證明自己，卻也不敢讓人看透自己，像個溺水的孩子反覆掙扎。

直到遇見貴人、發現情緒的出口，願意審視自己的傷，誠實地接納真實的自己，終於獲得重生的彩虹，成就美滿幸福家庭，也用自身經驗溫暖更多受傷的心。

生吐司

比起一般的吐司，生吐司的製作要更費工，但可能外表看起來就還是吐司，實際上卻已經有更高的附加價值，就好像我本來是個平凡女孩，如今我還是個平凡女孩，但已經過一番轉折歷練。

RESUME 簡歷

現任 incumbent
⊛ 莫思卡工作坊負責人

經歷 experience
⊛ 日商組織行銷培育師
⊛ 宏洋科技有限公司2D、3D繪
　圖專員
⊛ 中州科技大學景觀設計系專
　案助理

專長 expertise
⊛ 具備十一年塔羅牌占卜經驗，
　專長於塔羅牌占卜及教學、
　生命靈數專屬個人解析、親
　子繪圖解析、自我覺察課程、
　親子關係調頻。

那是很難忘的一個印象，小學五年級時，我被全班孤立，而帶頭霸凌我的人，竟然原本是我最好的朋友，是過往有好康都會一起分享的姊妹淘，只因看不慣我不論音樂、體育都被選為代表，竟然忌妒生恨，做出對好朋友極傷人的行為，那是我從小就看到的人性黑暗面。

　　記得那天放學路上，她跟同學走在前面，故意大聲地說：「那個妓女生的孩子在後面」，但誰是妓女生的？我當時還傻傻的不知她說的是誰，還是一個好心的三年級妹妹跟我說，我才知道她講的竟是我。

　　但我不是妓女生的孩子，我母親是令人尊敬的文化國寶，她用自己的專業從事歌仔戲演出，我愛我的家人，但當時的我不懂得為自己發聲，因為當時的我也找不到自己。

 ## 被貼標籤的童年

　　從我懂事以來，就是在聽著周遭人對我指指點點的陰影下，一路成長。我的父、母親都是從事地方民俗的文化活動，母親是歌仔戲班團主的女兒，父親娶了她後，依當初的承諾承接戲班，並將戲班發揚光大。由於父親也經營電子花車，有時載著穿著較清涼的女子，參與台灣各鄉鎮的婚喪喜慶、宮廟慶典、神明祭祀等活動，因此他的職業被歸類為八大行業。

　　但其實大家都是安於本分地工作，靠著自己的勞力及時間賺取報酬養家，我們仰不愧於天，俯不怍於地，可以不必去在乎別人的無端謾罵。只是小小年紀的我，個性內向軟弱，又因父、母親不能常在身邊陪伴，就不時處在困惑且無助的孤獨中。

　　我本身是七年級生，成長年代已經開始有電腦網路等，然

而我因為長期被寄養在奶奶家，那是個非常傳統三代同堂的大宅院，位在彰化員林的鄉下，家裡主要是務農、養豬維生，所以我一直是在非常守舊的教養模式下長大，重男輕女也是常態。但這頂多是比較純樸辛苦而已，我可以接受，比較難以接受的是親戚、同學，也包含師長，都用異樣眼光看我，我被長年貼上各種標籤，這讓我有著不快樂的童年。

現代大家普遍都已經認知，歌仔戲是國粹，歌仔戲裡的從業人員是國寶，包含我母親後來也曾受邀去學校教導過。然而在三十多年前，「戲子」的社會地位很低，有良好出生的人甘冒社會價值觀大不諱，敢於嫁娶戲班的人，往往就須和親人鬧家庭革命。更何況，母親還曾離過婚、跟前夫育有兩個小孩，和這樣的女子結婚，在保守人士的眼裡簡直是離經叛道。因此當年父、母親因愛相戀，後來成為家族的異類，的確引起在地輿論的軒然大波。

我因此看到很多親族間的表裡不一，明明大家都很鄙視我家，但在我父、母親現身的場合，親族們卻又有許多逢迎讚美，因為父親後來帶領戲班經營有成，反倒成為家族中經濟狀況最佳的人，對老家出錢出力，包括因為父親工作的關係，人脈廣、黑白兩道都熟，親友有事還需仰賴父親出馬相幫。但明裡對我家「事業有成」讚不絕口，背地裡卻是各種不堪的言語，甚至也不擔心當時寄養在奶奶家的我聽見。

我最尊敬的戲班父、母親

我的父、母親不僅勤懇做事，並有著多樣的美德，一生光明磊落，是我終身敬重的典範，只可惜受制於社會的眼光，連

當時個性算是強悍的母親，也經常得委曲求全，這多少影響到我成長時期的個性，變得比較畏縮忍讓。

我有很長的時間，一直不明白為何「行得正」的人，卻得因為社會愛貼標籤而被剝奪原本的生活尊嚴？

以我父、母親的行業為例，人們老愛說做這類行業的人，沒學問、沒教養，常跟不三不四的人混在一起，並且講話總是兩、三句就伴隨著國罵。但我對父、母親在職業上的付出從來沒有懷疑，因為小時候，我有機會跟著戲班行動時，都能看到他們的認真，也看到他們待人親切。

我的父親非常信守承諾且多才多藝，他懂得多角化經營，讓歌仔戲跳出傳統框架，例如，歌仔戲可以用時裝劇呈現，穿西裝拿手槍，唱七字調，依然讓台下觀眾聽得柔腸寸斷、如癡如醉。他對本家（也就是我奶奶）很孝順，也對岳母（也就是戲班班主，我外婆）重然諾。

我的母親是個事母至孝的人，她繼承她母親（也就是我外婆）的真傳，「生」、「旦」、「淨」、「丑」四種角色都能演，雖沒念過什麼書，但所有劇本都在她腦子裡，並且可以臨場應變，一上台，就「角色上身」，甚至到她年紀漸長，班務已經逐步交接給年輕一代，還是常常想來軋一角，那時她常常覺得如果沒演戲，就渾身不對勁，這裡痛、那裡不舒服的，可是一旦上台就什麼病都沒了。

有時因偏鄉的宮廟邀請，去到人煙稀少的村落，即使台下觀眾是小貓兩、三隻，甚至有人好心勸說：「唉呀！反正又沒人看，隨便演一下就好」，但他們做人做事的原則，是一上台就代表一種責任，就算台下一個觀眾都沒有，也要把最完美的一面呈現出來。

他們或許在世人眼中只是小人物，但我看到他們對工作的熱愛，以及誠實無欺和對天地的坦然，並帶給我一生對人、對事的責任心。因此，我就算後來人生歷經許多的被排擠及負面打擊，很長時間都處在不順遂中，我雖有著困惑質疑，但仍始終相信人性的光輝，沒有想不開，也沒有誤入歧途。

 ## 走過霸凌的歲月

最早我感受到的歧視，是來自家族的姻親們。因為父、母親不捨孩子為了趕演出行程，而跟著他們到處奔波，所以我從小就被寄養在奶奶家。

小小年紀的我自然什麼都不懂，逐漸長大後，才感受到些許親人對我的敵意，其實大人都還不至於太明目張膽，但小孩子就沒在顧忌，有的會趁大人不在時對我吐口水，說我是無父無母的孩子，甚至男孩子動手不知分寸，至今我臉上還有小時候被仙女棒劃傷的疤痕。

還有令我很難過的一件事，是我國中時期最好的姊妹淘，她的母親禁止她與我來往，甚至威脅說若繼續聯絡，就要斷了母女關係，只因認為跟戲子的孩子在一起「會變壞」（這件事後來朝遺憾的方向發展，因為她母親太過強勢管教，反倒把她逼向叛逆之路，至今我很想聯絡她，但她已經長期脫離我們同學朋友圈）。

回首我的人生，竟有長達超過二十年，處在被霸凌或被貶低輕忽的情境，而我也只是痛苦地忍耐著，卻不知道該如何跟命運反擊？

國小時，因某一個閨密忌妒我，發起長達兩年同學不間斷的集體霸凌；國中時期又失去我最好的姊妹淘，我本來在奶奶家就得不到溫暖，而父、母親又總是不在。

　　當我心裡有苦悶，又被孤立，真的是天地雖遼闊，我卻孑然無助。

　　那種無助感也來自於：「原本該協助孩子成長的師長，不但從來沒有協助我的困境，甚至成為助長霸凌的另類幫兇。」

　　記得國中上物理課時，有天學校附近似乎有廟會活動，鑼鼓嗩吶聲震天，物理老師當時就很「語重心長」地對全班說，他最討厭台灣這種文化，還有當碰到喪禮，人死還不能心安，什麼孝女白琴，什麼電子花車，他很厭惡。

　　我當時滿腔不服氣，就舉手，直接跟老師說：「可是我父親就是在開電子花車，這樣有錯嗎？」老師當場被問傻在原地。

　　下課後他找我去講話，不是道歉，更不是說職業無貴賤這類的話，反倒「安慰」我，自己要「小心」，好自為之。師長自己觀念都如此，無怪乎孩子普遍都歧視像我這樣的人。

　　所謂的標籤，如果只有一兩人為之，不會成氣候，一定是眾口鑠金，可能主謀只有一票人，但其他人都選擇默認，那就形成一種集體霸凌。

　　很多事聽起來很幼稚，例如，國中同學知道我爸開電子花車後，就會起鬨說：「妳脫衣服了嗎？」

　　為何要因為父、母親的行業，就直接在我身上貼標籤，說我是脫衣舞女？而除了因為家庭身分被霸凌外，後來進入社會，我發現還是有其他種種標籤，包括「身為女人」這件事也是標籤。

不堅強的心只會吸引不對的人

身為女人有錯嗎？女人就該低男人一等嗎？從小最常被貼的標籤，除了因為父、母親行業關係的標籤，還有一種標籤，也是許多女子都被貼過的、種種的性別歧視，像我奶奶家，就認定女孩子就該做這做那，「男人是主」，女人若不懂理家，將來不能嫁人之類。

之後去職場也被貼標籤，像我經歷過：「妳是大學畢業生，怎麼連這都不懂？」、「妳有造園景觀執照，就很了不起嗎？」或者「妳是新人就該守本分，膽敢搶功勞，我們就排擠妳」，所以就連學歷及年紀輕等，也是標籤嗎？

種種的標籤讓我喘不過氣，也刺激我思考：「小學時期遇到霸凌，國中時期還是被排擠，即便進入職場，又碰到職場霸凌。到底是『我這個人』有問題，還是『哪裡』出了問題？」

直到20多歲，我沒有因為歷練更多而變得更加自信，反倒一次又一次被大環境打敗，我變得越來越不相信自己，也想過這可能是環境使然，我身不由己。然而事實並非如此，證據就是我的親姊姊，她跟我出生同樣家庭，但她有勇氣去對抗不合理的現實。

大我9歲的二姊，有時像是我的小媽媽，當父、母親忙碌於全省巡演時，她負責照顧我。我是在小學三年級時，終於受不了奶奶家的氣氛，回到本家跟著二姊住，她是個比我有主見的人，在我成長時代帶給我很多正向的指引，她經常說：「我們要讓自己變強，不要去在乎別人怎麼說。」

可是我卻無法像姊姊那麼堅強，我總是一方面說想要做自

己，一方面內心又極度自卑，這讓我總處在矛盾掙扎中，並將這樣的心境，反映在我後來的兩段感情世界，讓我不自覺變成渣男吸引機。

第一段感情發生在我高職時，我的男友當時是個大我7、8歲，已經在當兵的青年，他是個充滿迷惘的人，甚至比我還迷惘。由於找不到人生方向，他服完兵役後，選擇簽了四年志願役，等他正式退伍後，發現未來更艱難，因為比起同年齡的人，他已經與社會脫節六年，更難找到工作。

後來他參與一個金融投資，也不知是被詐騙還是純粹理財不當，總之他所有積蓄因此賠光，碰到低谷的他選擇逃避，竟整整一年不跟他人聯繫，還是我這個小女生，搭長途客運尋著門牌找去他家，把他開導出來。其實我個性很隨和，給予男友很大空間，但當時的他實在太沒安全感了，甚至怕失去我，而屢屢到我的工作場合打擾我，最終我不得不和他分手。

他也讓我思考到，為何一個人要如此依賴另一個人？人為何不能找到自己安適獨立的自信呢？但我發現，我正是另一個缺乏安全感的人，乃至於我後來又碰到另一段更糟的感情。

 ## 終究還是要從內心認識自己

後來認識的第二個感情對象，對方大我12歲，年齡的差距本就是個鴻溝，但更大的問題是，我在跟他交往後才知道，他竟然早已有女友，我已經變成人家的小三。

任何人包括我親姊姊，都告誡我這段感情不適合，但所謂當局者迷，我後來把寶貴青春耗在這段感情裡，時間長達三、四年。當然這裡有愛情的成分，就是因為愛才那麼執迷。

但除了愛之外，其實還有更多的「不甘」及「依賴」，導致我明知道他腳踏兩條船，卻又一次次被他說的「我們分手了」、「我是真的很喜歡妳」這類言語綁住，甚至到後來，我更是自我欺騙，覺得應該我才是正宮，為了他，我還改變自己的生活模式，刻意逢迎他的喜好、配合他的要求去學技能，也總是順著他的性子想討好他，最後都分不清自己到底是因為愛他，還是只是習慣他，所以無法離開。

從這段關係中，我終於開始看見我自己。都說愛情使人盲目，但對我來說，背後有著更深的執迷，那源自於我從小在心裡被栽育的種種負面信念種子。如果一日不去處理，我終身將因為找不到自己，而變成他人情緒的玩偶，並一直被標籤及批評所傷，也被他人的精神所左右。

姊姊一直很關心我，問我為何堅持跟不對的人在一起？我當時回答不出來，直到省視自己後，發現因為從小以來的傷害，已經讓我失去自信，且害怕與人真心交流，所以我從不主動，並在許多場合被視為冷漠，甚至因此被集體排擠；也因為某種自卑，我總是覺得自己不行，因此放任自己被別人牽著走。

我在姊姊的鼓舞下，開始上很多的課，她也陪我上，包括張老師的課程，都有帶給我啟發，但我依然迷惑。後來帶給我最大改變的，是我開始接觸身心靈方面的課程，且在課程中，認識我的塔羅牌啟蒙導師，並藉由塔羅牌，讓我找回自己。

我的塔羅牌啟蒙導師是加拿大華僑，她帶領我認識塔羅牌的世界，也引領我做共修的課程，我開始正視自己的心靈。我永遠記得當我抽第一張牌，導師還未講解，我就看出那張牌的涵義，當下過往的一幕幕像跑馬燈一樣在我腦海輪轉，我彷彿站在高處看著自己的人生，然後痛哭失聲，我覺得好委屈，我問自己，菁琇妳怎麼都沒把自己照顧好，妳為何不好好愛自己？

從塔羅牌中找到自己

　　學習塔羅牌是一段漫長的過程，可以說到今天我都還走在這條學習的道路上，然而方向對了，路途再遠都值得；塔羅牌，先是讓我願意正視自己，後來也讓我可以同理別人，成為一個能拉人一把的老師。

　　因為大部分時候當局者迷，這就是為什麼我們需要導師指引的原因，一個人可以自學塔羅牌，但有可能擺脫不了自小就被局限的象牙塔。所以塔羅牌這條路需要師承，到今天我雖然經過專業培訓，也實際執業真正協助過很多人走出心靈迷惘，但我本身都還是很虔敬地要跟導師請益學習。

　　我能突破的關鍵，最重要的一點是我開始願意面對自己，如此才能誠心聽從導師的分析。經由導師的引導，我發現長久以來我的生活有一種模式：「就是我總是把自己的價值，寄託在『別人賦予我的肯定』上，而這是從小就養成的習慣。」

　　我的原生家庭非常重男輕女，母親雖是個勇敢的女子，可是連她都必須在傳統觀念下不得不低頭，因為母親知道自己是個拋頭露臉，到處巡演的歌仔戲演員，並且又是二婚，她得忍受許多對女人貶低的各種包袱，儘管再怎麼努力，在家族中地位仍被看輕，就算身為家族的重要經濟支柱，依然被親戚背後說閒話。

　　原本母親會是女兒的一種學習典範，而我就是接受這樣的「典型」，某種潛意識上，我繼續複製過往母親所受到的不公平對待，那種對生活不滿，卻又無能為力翻轉的情緒，成為我生命中拋不掉的原罪包袱。我在無助中總是希望有人來「救」自己，而從來沒有想到要自己救自己。

於是當有看似理想型的人追求我、或者只要有人開始對我好（相較於絕大部分身邊人對我的不友善），我就會開始把情感期待寄望在對方身上，不斷在感情中尋求之前求而不得的想像，並索求更多的愛，導致對方壓力過大、離開關係，然後又寄託下一個人能帶給我幸福，讓狀況不斷惡性循環。

原來我一直在別人身上尋求，並滿足自己被愛的想像、索求從未被肯定的寄託！但其實，這些力量都可以自我給予。

記得十幾年前的某天，我初次接觸塔羅牌，在導師面前哭完後，我主動跟導師說，我想跟她學習塔羅牌，我覺得這是我終身的功課，我想用一生認識自己，也要去幫助更多像我一樣曾經很無助的人。後來經過嚴格訓練，花了兩、三年培訓及實習，如今我已成為合格的塔羅牌占卜師。

當我認識自己後，我跟大我12歲的男友以真心分享我的感覺，並跟他中止這段關係。終於我懂得不再繞著別人轉，而是懂得唯有「找到自己」，才能找到幸福。果不其然，照顧好自己後，不久就認識我的真命天子，並結婚生養兩個小孩。

婚後關係新考驗，以及親子關係成長

人生是一段段的考驗，正好是我修習塔羅牌後，讓我檢視自己是否能用全新的自己，以負責的態度既肯定自己，也勇敢面對生活中的種種挑戰。

人生當然不可能因為找到導師，或找到一個好的自省工具就變得平順，我結束了上一段錯誤的感情，後來找到可以終身相許的 Mr. Right。但如果妳以為故事接下來就是一帆風順，王子和公主過著幸福快樂的日子？那就錯了！

原來「了解自己」，不代表人生從此就一帆風順！當我進入一段新關係、婚後多了些新身分，竟又面臨意想不到的人生新考驗。當然家家有本難念的經，我不想跟讀者講太多的「家庭奮鬥史」，不過我的各種經歷體悟，還是可以提供一種參考指引。

我在婚後和婆婆同住，曾因為生活價值觀與教養小孩的方式，而產生婆媳意見不一致的狀況，但其實這些都是不論古早或現代女性們，一定會面對到的婆媳老問題。

一開始我的心態也是覺得不服氣、不公平等，我覺得當面對母親與妻子的意見不合時，我的先生沒有做好溝通橋梁，漸漸也影響到夫妻關係，甚至一度考慮離婚。

這點不免讓我感覺挫敗，本以為自己已是塔羅牌療癒師，對人性瞭若指掌，怎可能還會被情所困？不過現在的我，已經不再是從前總是在命運中委曲求全、選擇屈服的人，我已經懂得找方法去突破。

一樣是透過我的塔羅牌專業，經過塔羅牌導師的引導後，我發現自己那段日子，已經不自覺地又走入「受害者」模式，很多壓力與負面情緒都來自於我心中的「情境戲」。畢竟還是那句話「當局者迷」，就算身為塔羅牌老師，也已在職場上客觀協助過非常多的個案，可是回歸自身，回到自己家庭，我其實也是一個平凡的媳婦，有時也會有自己想捍衛的立場、渴望被認同與被照顧的情緒。

但用「心」去同理，婆婆及先生又何嘗不是如此？他們也有自己的情緒，潛意識裡也可能複製他們父、母親的過往。於是我回歸自己專業，認真再次開始學習接納自己的脆弱，我要做更多的換位思考！我必須擁抱自己的脆弱，不再逞強、不再高估自己。

我的心境，從「我想解決」，變成「我們一起解決。」

以前常是指責對方「應該要」怎麼做，現在則變成是常問對方「為什麼」那麼做，當更多「好奇」取代「要求」，關係就不再劍拔弩張，先生和孩子都覺得家裡氣氛變得更好了！

這樣的換位思考，也很適用於親子關係。如今我自己有兩個可愛的女兒，從孩子小時候，我和先生就堅持用溫暖正向的教育守護著她們。

因為我從小被貼滿了標籤，所以會時時提醒自己，拿掉對角色的框架，不因她們是孩子而理所當然地以家長的權威限制她們該做什麼（就像我們小時候討厭的那種大人），也不因她們是女生，就認為應該將她們培養成什麼樣子，期許自己能成為和她們「一起長大的朋友」，一起去探索這世界。

最終我了解，所有幸福的人生，都要靠自己努力去爭取。如今我懂得愛自己、擁抱自己的缺點，這是我最想給兩個孩子的傳家寶。如果說我本身的成長，小時候受到家族負面觀念帶給自己很大的包袱，那麼由我開始，我要給自己孩子不一樣的、充滿正向的傳承。

我終於明瞭，我可以自己選擇要寫下哪些人生篇章，永遠可以勇敢翻頁。

每個人都會遇到人生的小石頭，妳可以選擇停止或前進、也可以選擇是否再次相信。

從事身心靈療癒事業後，更看過各種跌跌撞撞長大（甚至從未長大、不願長大）的大人，我深深明白，沒什麼比為孩子打造一個充滿樂觀、自信與愛的內心，更珍貴的事，那才是受用一生的禮物。

張菁璐 給好姊妹的悄悄話

座右銘	每個人都是從不完美中去成就完美。

活得漂亮的祕密武器

❶ 遇到問題，不想越陷越深的關鍵，在於妳必須先釐清自己的處境，沒有任何事比好好活著、善待自己重要，照顧好自己，再來照顧別人。

❷ 感情的事，沒有誰一定要聽誰的，若一段緣盡，不需要爭吵誰付出得多，誰欠誰什麼？那已經沒有意義，請把一切聚焦在當下。

❸ 想像妳是一顆石頭，隨著邊滾動，邊可以滾出稜角，後來會發現妳其實是顆鑽石。無論如何，請不要擔憂、害怕，因為在這世上，還有很多石頭一起滾動，請記住，妳並不孤單。

認識更多張菁璐

個人 LINE　　　個人 IG

你完整了，
你的世界就繽紛了。

幸福就是真正找到自己內在的力量

ECkare 東森全球新連鎖事業鑽石級經銷商領袖及心靈導師

余沁

她 總是以驚人速度成為組織行銷的高階領導人，卻沒想過，擁有了令人稱羨的收入、團隊，卻比以前更不快樂！每天面對許多人需要她照顧、決策，責任排山倒海向她襲來……。

明明一路認真打拚才有今天的地位，卻又懷疑辛苦付出所為何來？物質的困境易解，內心的枷鎖，以及人際關係的迷思難釐，看這個總被以為無所不能的余沁，如何向軟弱學習、開始與自己的和解之路。

焦糖戚風

在玻璃櫥窗內，它看來平凡並不最討喜，唯有送到面前才能聞到迷人的焦糖香氣、嚐到戚風軟嫩的口感。就像我想活出自己本質，不活在別人眼裡與嘴裡，做真實的自己，認知自己的不平凡，只有自己最了解，不需要外界來定義。甜度剛剛好，幸福剛剛好。

RESUME 簡歷

現任 incumbent
⊛ ECkare東森全球新連鎖事業鑽石級經銷商領袖
⊛ 方旅學院共同創辦人兼講師

經歷 experience
⊛ 黛安芬股份有限公司專櫃銷
　售員
⊛ 東方美集團佳麗寶專櫃彩妝師
⊛ 自營品牌霧眉專業技術師
⊛ 新加坡商全X世界金階企業
　經理
⊛ ECkare東森全球新連鎖事業
　鑽石級經理

專長 expertise
⊛ 紋繡經驗六年
⊛ 銷售經驗十二年
⊛ 組織領導六年
⊛ 公眾演說經驗六年

我是一個很忙的人，有時一個月在自己家裡住沒幾天，我不是在外縣市，就是在通往外縣市的路上。

這讓我似乎回到小時候的情境，好像總是處在變動中。學生時代的變動是因為經常搬家，而現在則是為了服務會員，我總是拖著一卡行李箱，哪裡有需要我上台分享，就往哪裡去。

說起來我雖然22歲就已經創業，當時在台北市某個商辦大樓有個小小的紋繡美睫工作室，但從23歲後，我就投入傳直銷產業，並且很快就賺到第一桶金，買下自己第一間房子，同時我在美容領域長年做分享，擁有一定的口碑及受眾，未滿30歲就已經是組織裡排名前十位的高階。甚至有時我都相信自己是勵志書裡，力爭上游、由貧女轉為成功致富的典範。

但若真如此，為何我依然日子過得很不開心？每當我又拖著行李箱奔走在通往某個會場的路上，或者某天早晨醒來，一時仍搞不清楚自己睡在什麼地方？因為昨天深夜累到一躺在飯店床上就立刻昏睡過去……。

我是余沁，這不是我的本名，我後來改名取了個沁字，就是希望心如明鏡，就好像在澄澈的水中照見自己。這條自我追尋之路我走了十多年，感恩一路上不同老師指引，終於讓我逐漸看見自己。

是不是我這個人有問題？

我出身在一個不幸的家庭，就如同電視劇裡常演的，父、母親失和，最終離異，然後大家都過得很不快樂。

從小我心裡就被種下許多負面思維，我對未來沒有期許，並且根本不想當家庭主婦，不知多少次看到母親以淚洗面、活得狼狼無助，於是自我警惕，女生絕對不要讓自己落得必須靠男人而活的狀況，如果當面對不公平待遇，卻因經濟處於弱勢，連反駁都不敢，這樣的人生我不要。

因此，我從學生時代，一有機會就想趕快賺錢，可惜我的賺錢動力源自於害怕，而非其他正向的動力。這讓我不論後來賺多少錢，心裡總好像還是有個填不滿的洞，我似乎也變得跟母親一樣無助。

包括我的感情路也長年不順遂，很奇怪的是，我最討厭大男人主義型的人，卻偏偏老是遇到這類的人，我懂「吸引力法則」啊！但為何我明明討厭及害怕這類人，卻反倒總是遇到渣男、暴力男？到後來我甚至在想，是不是「我這個人」有問題？我就是只配遇到這類男人，我就是不值得被愛？

也可能心裡頭，我根本不懂什麼叫愛。我曾聽某任男友說，他就是因為愛我才會打我。是這樣嗎？包括當年也是父親太愛母親，卻不懂如何表示愛，因此以「行動」表示，是這樣嗎？

一直到年過20歲，我還是感到惶惑無助，因為我實在找不到一個美好的典型，讓我去定義什麼叫好？我連住的地方都經常搬遷，從小到大身邊沒什麼人讓我感受到溫暖。遇到的人剛開始都還人模人樣，可是不知為何到頭來都是說一套做一套？難道我擁有「可以激發人性黑暗面」的特質？

讓我在坎坷的成長路上，後來找到的一線光芒，來自於學習。我的其中一位男友，雖然我跟他的結局最後是不歡而散，但在與他交往期間，他做了一件改變我的事，就是他鼓舞並贊助我去上課。

當時我是櫃姐，因為天生沒安全感，對男友黏得很緊，他可能覺得我這樣很煩，所以男友就要我去學技術，我因此接觸了美睫紋繡，並且意外地發現我對做這行很有天分，我喜歡幫助別人變得美麗，這也種下了日後我走入跟美容保養相關的傳直銷業之路的緣分。

因此，就算每件事看起來「不好」，卻可能有新的發展契機存在裡頭，重點是當機會來臨時，妳要好好把握住。而我也在那時創立美睫紋繡工作室，且打造出比過往還高的收入。

 ## 我該走向哪一條道路？

當一個機會出現，可能不只是通往新生活轉變的一扇門，並且後頭還會連結到其他更多的機會之門，我因為從事美容行業，找到自己的興趣，也認識很多女性客戶，而在這些客戶中，就有影響我未來的貴人，引導我發展到另一個全新的可能。

在經營工作室時，可能因為自己當老闆，壓力比較大，從小我的肌膚就不好，一碰到壓力就容易長痘痘，於是就想尋覓有沒有適合我的保養品。

透過客戶的引薦，我接觸到一家國際傳直銷美容品牌，當時我並沒刻意要經營組織行銷，純粹是覺得那個保養品真的很神奇，至少大大改善我的膚質，且既然我需要長期使用該產品，就順勢加入了傳直銷體制。

沒想到，我後來只是在自己的臉書和部落格，記錄我實際的體驗，得到的回饋之多讓我感到訝異。許多人主動留言給我，想要了解更多和商品相關的訊息，也有一些雖有互動但不熟的朋友，因此和我更緊密的連絡。

就這樣，有點無心插柳，最終我卻得到很多商品洽詢者，這讓我的組織迅速擴展，乃至於後來，我就先收掉美睫紋繡工作室，專注在服務我自己的團隊。

那年我23歲，收入已經遠比我同年齡的朋友高出很多，並且我自問並非業務銷售型的人，從小打工也沒有接受過業務方面的培育，而幾乎很短時間內，我不僅被視為是行銷高手，還要扛起「領導」及「管理」的職責，很多時候，我似乎是被大勢所趨推著走。從沒想過自己有一天要對數百甚至上千人負責，但現在我就是必須對那麼多人負責。

簡單說，我就是被迫邊學邊做。當然我有分析，為何我沒特別做行銷，單單只透過分享，就有那麼多人願意跟我買產品，也加入我的團隊？其實是因為我夠「真」，這個「真」，包含了認真、真誠、天真。

我就是因為真誠，在我的平台上介紹商品，就只是分享我的體驗，沒有預設要招攬顧客，甚至有人跟我聯繫時，如果我覺得產品不適合她，我也會據實以告。

而當我的組織越來越大，我也秉持真誠態度去認真對待每個人，但我天真地以為，妳對別人好，別人也一定會對妳湧泉相報，或者人跟人間本就應該互助包容，不該有什麼利益計較。但我真的太天真了，這帶給我往後經營很多痛苦。

 ## 我真的是個成功典範嗎？

從23歲到28歲，我從一個什麼都不懂的新手（當初我真的是傳直銷小白），後來做到公司第六級的聘階，那已經是集團次高的位階。

收入的確成長了，甚至在許多人眼裡，我算「致富」了（其實我自認只是生活還過得去），但我的工作充滿壓力，並且似乎有種負面循環，就是我越努力付出，最終只會導致我團隊有更多人，於是我要付出更多，就算收入有成長，往往也抵不過我因此付出的健康與時間成本。

　　我把自己搞得好累，卻還感到莫名其妙，直到後來有機會碰到幾位心靈導師，才終於讓我「認識自己」，也明白我為何做得那麼累？因為我太常去討好別人。

　　明明我組織成長了，也被上級及同儕們看重，可是在我心裡，卻有著從小養成「根深柢固」的自卑，我就是認為我不配擁有這麼多的好，但竟然大家對我那麼好，因此我必須對人家感激涕零，也就是我想用「討好大家」，來「彌補」我因收入成長所帶給她們的「虧欠」。

　　而今走過那段歲月，我回想起過往，有時覺得不可思議，身為一個組織的領導人，我卻感到如此卑微，這裡感恩、那裡鞠躬般地，想透過建立好人情，作為鞏固我自己組織的方法。

　　當時我是這樣的一個人：「團隊裡任何事我都願意親自出馬，所有的研習會我都去主講，所有下線需要幫忙，我都是拍胸脯承擔，反正任何人在哪卡關，找余沁就對了。」這樣的我當然很受歡迎，無怪乎我保有一定的人氣。

　　但我當時並沒有反思：「第一，擁有這樣人氣，代價是大家什麼事都找我，還把自己身體搞壞，當時我壓力大到全身冒痘痘，靠保養品也無法遮掩；第二，如果大家都是因為『對妳有所求』，才巴著妳、捧著妳，但如果哪天她們覺得妳沒利用價值，或者她們覺得妳的服務不夠周到。那別人對妳的態度，仍然還會如此嗎？那時妳還會被眾星拱月嗎？」

有好幾年的時間，我只是讓自己投入忙碌裡，我累得無法思考，就算想思考也不知該從何著手。就這樣我依然是組織裡高人氣的領導、講師，以及總是被拿出來給新人當範例的「成功學習對象」。但我是好的學習對象嗎？如果我連自己是誰，我都還有很多問號，我該怎樣當別人的楷模？

我是否可以接受自己？

如果說當年的我有什麼值得讓人學習的地方，大概就是我不斷學習「如何學習」吧！因為我需要在各個組織據點教導別人，致使我自己也被迫必須趕快學到更多。

的確我學到了很多管理商學層面的知識，也學到美容相關知識領域的內容，但最終我發現，人生除了追求更多金錢及更高位階外，還有一種最重要的學習，就是關於「認識自己」的學習，人們總是往外追尋答案，卻忘了探索自己內心。

所謂認識自己，不是單單透過一門自我認知或心靈導引課，短短一天甚至幾小時就做得到，但也不是非要花幾百萬去跟大師請益，或者花個三年五載才能找到生命真諦。

其實認識自己，跟花多少錢，以及投入多少時間沒有必然關係，有人到處找老師投注千金，到頭來依然迷惘；有人卻可能在一席話、一夕間「頓悟」。

到底怎樣是好呢？有句話說「因緣俱足」，其實追求靈性方面的體悟，跟追尋生涯或事業的發展有共通的地方，就是一個人一定要做好充分準備，才能抓住機會得到啟迪，或讓事業一飛沖天。

常見兩種人，一種人平日沒有用心栽培自己專業，生活也不夠認真，忽然有好的商機臨門，他們可能根本就看不見商機，或者看到也無福消受，所謂「德不配位」，妳總要先把自己基礎打好，才夠資格說自己「懷才不遇」，而一旦天時、地利、人和到位，妳就能發揮才能。另一種人，也許就是大部分人的寫照：「一生刻苦努力，但就是在等一個機會。」

我在事業方面，常常覺得自己很僥倖，根本都還沒有準備好，就能夠得到好運降臨，組織發展快速，這讓我內心很自卑，與人交流時，也有意無意把自己貶得低下。然而回過頭來看我的成長路，其實我的成就不是因為僥倖，我從來都很認真投入我的工作，否則單憑僥倖也不可能連續五年都在成長。

所以我的問題出在內心層面，我沒有找到心靈困惑的解答，而當時我根本沒有在找，甚至我害怕面對現實。可以說，當我願意面對自己，承認自己就是在害怕、就是在迷惘時，我才有辦法踏出靈性成長之路。

 ## 我是表裡不一的人嗎？

終於有一天，夜深人靜，當我又感到筋疲力盡時，我願意「承認」自己是表裡不一的人。是的，我是如此的表裡不一，我在講台上充滿正能量，轉身我卻讓自己被罩在陰影裡。

其實我是真心想為弱勢發聲，在我的團隊裡，大部分都是女性，並且有很高比例都是單親媽媽，因為我就是這樣家庭出身，所以對她們的苦我感同身受，這也是每當我上台時，講話

都很有底氣的原因，因為我的話語的確是發自內心的真誠，這也是為何我可以吸引那麼多會員的主因。

但我覺得自己表裡不一，一方面是因為我想用熱情鼓舞這些辛苦的女性朋友們，希望她們可以做出好成績改善生活；另一方面我內心卻累積越來越多的困惑，甚至到頭來我都要反問自己，如果我自己每天都不快樂，我又怎能理直氣壯地鼓勵別人「跟我一樣」？

另一個讓我越來越感到只要站上講台，內心就會覺得有些空虛的原因，就是「我已經看到很多現實的真相，以組織的角度，可能必須擘劃更高遠的願景，然而實際上是否可以達成，能不能落實到每個基層位階，這是有疑慮的。」以我本身來說，已經站在相當高的聘階，我清楚知道，繼續努力下去，收入可以更高，但真的可以獲得財富自由嗎？這部分也是有問號的。真正的情況是越往上爬只會越來越忙，永不得閒。

但我可以對大家說出這個真相嗎？我也看到時勢的發展對大家不利。在我剛加入傳直銷的年代，不論是網際網路的應用環境，還是網路社群的生態，都還沒成熟，競爭者不多，也就是說我只要夠認真，就可以脫穎而出。

但隨著各種自媒體型態一一出現，公司的產品雖然好，但當面對新的時勢潮流，所有的團隊成員都可以因應嗎？我自己雖然算是闖出一片天，但我底下這成千上百的下線呢？我明明看到未來充滿險阻，我還是要在台上說些冠冕堂皇、用美麗辭藻堆積出的勵志話語嗎？

我可以對大家說出真相嗎？**這就是我痛苦的地方，也是我表裡不一的地方。**

我為何怎樣都做不好？

　　有段時間我依然過著在眾人面前強顏歡笑的生活。我唯一可以自信說出口的，就是我自己很努力工作，但我無法解釋，為何我無法讓團隊都跟上，我的成績老是名列前茅，但團隊成員就是很難扶得起來，我像是一個火車頭，只靠自己的動力要拖著幾百個車廂，我越來越感到疲累。

　　有姊妹淘跟我說：「唉呀！管好妳自己就好，個人業障個人擔，盡力就好，她們業績做不起來關妳什麼事？」但我就是無法放下，畢竟，這些會員及夥伴縱使不是直接認識我，當初也是因為信任我的分享、接觸到產品而加入的，所以我始終覺得自己對她們有「責任」。

　　後來我真的受不了，是因為我終於發現我再怎樣也無能為力，例如，平日跟我很熟的好姊妹，在組織裡跟另一派人發生爭執，身為領導，我該怎麼辦？在不知前因後果前，我必須秉持客觀處理。這時我姊妹就不高興了，「余沁怎麼這麼無情無義，連自己人都不幫？」

　　但這是公事，我不能以私害公啊！而既然我的組織那麼大，每天難免會有東家爭、西家吵的情況發生，我想當個面面俱到的人，但實情就是我又不是神，我想就算有神，祂也不一定可以做到吧？怎麼做都不對，這讓我非常的痛苦，剛開始我是因為內心煩悶，才開始接觸心靈禪修課程，只為求心靜，但卻也無意間讓自己學習認識自己。

　　好比禪定時，妳什麼事都不能做，就只能跟自己對話，而越跟自己對話，就越發現許多的不理解。於是我跟很多老師請益，得到一些啟發，但我其實還是似懂非懂。在幾年下來，透

過上課是有得到一些平靜安適，但內心真正的煩惱依然還是存在。後來，真正帶給我一個關鍵性的影響，是發生在2021年。

那時經由朋友介紹，引薦一個對身心靈很有研究的老師，我就帶著反正來「認識看看」的心態去和對方見面，而當我看到對方竟然是個跟我年紀差不多的年輕男子時，更不認為這趟會有什麼收穫。沒想到，世事安排就是如此奇妙，過往我至少花了數十萬，上課參禪拜會各大名師，但我依然魯鈍不通。

但遇到這位男子，跟他一席話，我卻突然感到豁然開朗，就像上天安排，因為遇到他，我不只內心就像多年淤塞的水道突然被清理疏通，並且我後來也因此認識到我的新事業。這男子後來成為我的另一半，而那個新事業就是我後來加入東森。

妳不能為己而活嗎？

我的另一半告訴我：「余沁，妳是個矛盾的女孩。」

「怎麼說？」我困惑著。

「妳明明很排斥家庭主婦，總說絕不當這樣的人，卻又嚮往有個安適的家；妳明明內心裡把男性都想得很壞，卻又怪說都遇不到好男人。」他接著說：「當妳心底根本就排斥男性，於是下意識地就是要自己凌駕其他人，以補足自己從小的自卑，結果是只能招攬來比妳弱的人，這樣妳才能維持強勢。可惜比妳弱的人當然不是好男人，因此妳會碰到吃軟飯的、情緒管理不佳動不動就出拳頭的渣男。」

他問我一句話，讓我很震撼，他說：「余沁，如果妳已經有的東西，又何必要去追求？人們為何追求一件事物？就是因為缺乏那件事物才去追求啊！」

他嚴肅地指著我說，一個內心真正俱足的人，不需要來自「外界」的肯定，一個人越是需要依賴外界掌聲，越是需要依賴各種獎勵勳章來「證明」自己有多強，這恰恰證明的反倒是這個人內心有多脆弱。

於是我終於明白為何我生活得那麼累？因為我非常渴求大家的肯定，所以不敢得罪人，因此我就當個好好小姐，誰有事找我，我就去，搞得自己很累；我不敢說真話，怕毀了自己形象，然後就被大家「遺棄」。

但我告訴自己：「余沁啊余沁，妳就是妳啊！為何需要得到別人家肯定，妳才認為自己有價值？妳不能為自己而活嗎？」

人生走到第三十年，我才醒覺，我從來沒為自己而活。小時候父、母親爭吵，我害怕因此失去什麼，學會委曲求全，結果呢？父、母親還是離異。我越怕就越失去，當我讓自己存在感全都流失，完求依賴外界肯定而活著時，我於是失去自己，我於是總是痛苦。

找回人生的自主權

2021年我做了一件震驚公司的事，我不僅宣布要離開這個團隊，並且把我心中累積多年的心聲說了出來。我誠實面對自己，同時願意把真相說出來，雖然我只是對自己帶的團隊發表感言，但我的影響力也藉由當時的影片流傳出去。

必須說明的是，不像許多過往同事所誤解的，我並沒有腳踏兩條船，我是正式宣布離開後又過了兩、三個月，才加入東

森集團，且當時做這個決定非常需要勇氣，因為我原本每個月有穩固的幾十萬收入，但由於我的退出，一夕間我每月收入歸零，不僅如此，那時我的房屋交屋面臨著龐大尾款繳交壓力，那是我三年前買的預售屋，後續還有百萬工程尾款要繳納，我一離職，要怎麼面對這龐大款項？

如果是過往的我，可能會因為害怕，而選擇繼續安於現狀，並繼續假裝什麼都沒看到，繼續過著白天激昂、晚上空虛疲累的生活。但我真的醒悟了，不想再過那種虛假的生活。

我那天直接說出大家其實都知道但不敢面對的真相：「許多人為了衝業績拚上高聘，於是必須大量囤貨，但那些貨無法銷掉，帶來經濟壓力，為此就必須違背公司政策，偷偷把商品透過蝦皮等通路低價銷售，這樣嚴重破壞市場行情，讓那些真的辛辛苦苦依照公司規定做銷售的人，生意越來越難做。」

而這類事情如此頻繁，公司雖然想解決，可能也有心無力，但產品與品牌都那麼好，這樣下去豈不可惜？

後來，我毅然放下在這間公司的成就，另覓其他事業良機，一切歸零、重新開始。但這段經歷彷彿從未過去，不知為何，始終如影隨行地跟著我。直到一年後，我偶然回想起當時的發言，竟開始出現不同的體悟。

當時說的雖是真話，但言辭的確犀利了些，我也終於明瞭，看似為大眾挺身而出，勇敢揭露不公不義，其實是極度渴望撕下自己內心的假面具！一如我長久以來在意別人看法，卻忽略自己內心真正的聲音。但只要認清自己、面對自己，就能跳脫各種外界限制，找到屬於內在的力量。

至今我從沒有後悔說出真相，但我也藉此學習到，真相也

許並不是想像中「非黑即白」的世界。沒那麼純粹，也沒那麼絕對！鬆開握緊的執著，我竟開始獲得更多！

我曾經像許多優秀的女生一樣，活得既壓抑又假裝堅強。在「女強人」的完美人設包裝下，內在卻是脆弱的軀殼，並用事業忙碌，逃避自己的內在課題；用犀利的言詞批判，防禦外界對自己的影響。「假裝」自己好好的、「說服」自己好好的。

但其實我們不需要祕密武器，只需靜靜散發香氣，就能展現迷人的美麗。一如我的名字：「余沁，表裡如一、清澈如水！」誠實地面對自己，才能找到最好的自己！

認識更多余沁

余沁給好姊妹的悄悄話

個人 IG

座右銘	心境要提升，心態才會提升； 對自己要誠實，做事才能通透。

活得漂亮的祕密武器

❶ 真正的「女性覺醒」，不是一定要創業、經濟獨立、比男人強大！而是能勇於清理自己，活得勇敢無畏、自信謙卑。

❷ 妳不需要用任何物質表象證明自己值得，因為一個人的價值感與安全感，從來都不是透過外在的一切填補、滿足，更無法代表妳的層次。越能無視外界的評價和定義，越能在人群中亮麗存在。

❸ 請不要「過度努力」，順勢而為，從心所欲。妳要做的是延展優勢，而非抵抗弱勢。

RECOMMENDED BOOKS
好書推薦

書 名	The Deep 潛意識投射卡使用手冊（附 176 張典藏完整牌卡及卡牌盒 + 卡牌束口袋）
作 者	黃喬伊
定 價	1780 元
ISBN	978-986-945-077-5

運用無負擔的問答模式，讓你與自我對話，並進一步掌控個人潛意識，看到自己內在的意識。

書 名	宇宙力量帶給我的指引（附 175 張宇宙力量卡 + 操作手冊 + 典藏牌卡盒）
作 者	Lalysha
定 價	800 元
ISBN	978-626-9616-16-9

175 張來自宇宙的溫暖話語，蘊藏著來自宇宙溫暖愛的話語或建議。運用宇宙七大元素及色彩配搭，串連出的宇宙能量訊息，對應生命當下不同境遇，讓你保有遼闊的空間去內化。

書 名	天賦優勢心理學應用入門：27 秒讀懂你的人生使用說明書
作 者	林嘉怡
定 價	380 元
ISBN	978-986-99529-7-2

帶你用數字 1-9 看見自身的天賦，相信自己的無限可能；用數字解開情感枷鎖、擺脫負面情緒，好好愛自己；帶你覺察自身狀態，重回人生向陽面！

別擔心！
最好的還在後頭！

人生凸槌也要勇敢向前！

enjoy life

書　　名	別擔心！最好的還在後頭！ 人生凸槌也要勇敢向前！
作　　者	築夢方舟創意行銷，曾莉婷
主　　編	莊旻嬑
校稿編輯	許雅容
美　　編	羅光宇、譽緻國際美學企業社
封面設計	洪瑞伯

發 行 人　程顯灝
總 編 輯　盧美娜
發 行 部　侯莉莉
美術編輯　博威廣告
製作設計　國義傳播
財 務 部　許麗娟
印　　務　許丁財
法律顧問　樸泰國際法律事務所許家華律師
藝文空間　三友藝文複合空間
地　　址　106 台北市安和路 2 段 213 號 9 樓
電　　話　（02）2377-1163

出 版 者　四塊玉文創有限公司
總 代 理　三友圖書有限公司
地　　址　106 台北市安和路 2 段 213 號 9 樓
電　　話　（02）2377-4155、（02）2377-1163
傳　　真　（02）2377-4355、（02）2377-1213
E - m a i l　service @sanyau.com.tw
郵政劃撥　05844889 三友圖書有限公司

總 經 銷　大和書報圖書股份有限公司
地　　址　新北市新莊區五工五路 2 號
電　　話　（02）8990-2588
傳　　真　（02）2299-7900

初　版　2023 年 01 月
定　價　新臺幣 350 元
ISBN　978-626-7096-26-0（平裝）

◎版權所有‧翻印必究
◎書若有破損缺頁請寄回本社更換

國家圖書館出版品預行編目（CIP）資料

別擔心！最好的還在後頭！：人生凸槌也要勇敢
向前！/ 築夢方舟創意行銷，曾莉婷作.-- 初版.--
臺北市：四塊玉文創有限公司, 2023.01
面；　公分
ISBN 978-626-7096-26-0（平裝）
1.CST: 自我實現 2.CST: 自我肯定 3.CST: 女性
177.2　　　　　　　　　　　　111020017

三友官網

三友 Line@

五味八珍的餐桌 品牌故事

60 年前，傅培梅老師在電視上，示範著一道道的美食，引領著全台的家庭主婦們，第二天就能在自己家的餐桌上，端出能滿足全家人味蕾的一餐，可以說是那個時代，很多人對「家」的記憶，對自己「母親味道」的記憶。

程安琪老師，傳承了母親對烹飪教學的熱忱，年近 70 的她，仍然為滿足學生們對照顧家人胃口與讓小孩吃得好的心願，幾乎每天都忙於教學，跟大家分享她的烹飪心得與技巧。

安琪老師認為：烹飪技巧與味道，在烹飪上同樣重要，加上現代人生活忙碌，能花在廚房裡的時間不是很穩定與充分，為了能幫助每個人，都能在短時間端出同具備美味與健康的食物，從 2020 年起，安琪老師開始投入研發冷凍食品。

也由於現在冷凍科技的發達，能將食物的營養、口感完全保存起來，而且在不用添加任何化學元素情況下，即可將食物保存長達一年，都不會有任何質變，「急速冷凍」可以說是最理想的食物保存方式。

在歷經兩年的時間裡，我們陸續推出了可以用來做菜，也可以簡單拌麵的「鮮拌醬料包」、同時也推出幾種「成菜」，解凍後簡單加熱就可以上桌食用。

我們也嘗試挑選一些熟悉的老店，跟老闆溝通理念，並跟他們一起將一些有特色的菜，製成冷凍食品，方便大家在家裡即可吃到「名店名菜」。

傳遞美味、選材惟好、注重健康，是我們進入食品產業的初心，也是我們的信念。

冷凍醬料做美食

程安琪老師研發的冷凍調理包，讓您在家也能輕鬆做出營養美味的料理。

冷凍醬料的 5 大優點

省調味 × 超方便 × 輕鬆煮 × 多樣化 × 營養好

選用國產天麴豬，符合潔淨標章認證要求，我們在材料和製程方面皆嚴格把關，保證提供令大眾安心的食品。

聯繫客服 電話：02-23771163 傳真：02-23771213

程安琪

冷凍醬料調理包

香菇蕃茄紹子

歷經數小時小火慢熬蕃茄，搭配香菇、洋蔥、豬絞肉，最後拌炒獨家私房蘿蔔乾，堆疊出層層的香氣，讓每一口都衝擊著味蕾。

雪菜肉末

台菜不能少的雪裡紅拌炒豬絞肉，全雞熬煮的雞湯是精華更是秘訣所在，經典又道地的清爽口感，叫人嘗過後欲罷不能。

麻辣紹子

麻與辣的結合，香辣過癮又銷魂，採用頂級大紅袍花椒，搭配多種獨家秘製辣椒配方，雙重美味、一次滿足。

北方炸醬

堅持傳承好味道，鹹甜濃郁的醬香，口口紮實、色澤鮮亮、香氣十足，多種料理皆可加入拌炒，迴盪在舌尖上的味蕾，留香久久。

冷凍家常菜

一品金華雞湯

使用金華火腿（台灣）、豬骨、雞骨熬煮八小時打底的豐富膠質湯頭，再用豬腳、土雞燜燉 2 小時，並加入干貝提升料理的鮮甜與層次。

靠福·烤麩

一道素食者可食的家常菜，木耳號稱血管清道夫，花菇為菌中之王，綠竹筍含有豐富的纖維質。此菜為一道冷菜，亦可微溫食用。

3種快速解凍法

想吃熱騰騰的餐點，就是這麼簡單

1. 回鍋解凍法

將醬料倒入鍋中，用小火加熱至香氣溢出即可。

2. 熱水加熱法

將冷凍調理包放入熱水中，約 2～3 分鐘即可解凍。

3. 常溫解凍法

將冷凍調理包放入常溫水中，約 5～6 分鐘即可解凍。

私房菜

純手工製作，交期較久，如有需要請聯繫客服
02-23771163

紅燒獅子頭

程家大肉

頂級干貝 XO